U0515322

中国农业科学院
农业经济与发展研究所
研究论丛
第 6 辑

● 本书为中央级公益性科研院所基本科研业务费专项资金资助项目

IAED

Research on Supply Chain

Coordination of

Agricultural Product Logistics Services in Uncertain Environment

不确定环境下农产品
物流服务供应链协调研究

郭 龙 ◎ 著

中国财经出版传媒集团

经济科学出版社
Economic Science Press

　　为提高农产品物流服务供应链的效率及各成员之间的合作协调模式，解决不确定性环境下农产品物流服务供应链成员的决策模式问题，本书立足于传统产品供应链和物流服务供应链研究成果，以"农产品物流服务功能提供商——农产品物流服务集成商——顾客"组成的农产品物流服务供应链为研究对象，综合运用数学分析、运筹学和博弈论等数学工具，借鉴传统供应链的契约协调理论，对不确定环境下农产品物流服务供应链协调进行深入研究，并以供应链协调契约理论为视角，对农产品物流服务功能提供商和集成商的运作决策做进一步分析及优化，以期为农产品物流服务功能提供商和集成商的日常运营管理提供现实指导意义和理论价值。

　　全书共分6章。第1章主要是对农产品物流服务供应链问题的历史与现状作简述。第2章主要是对本书涉及的基础理论进行简述、复习与扩展，如农产品物流，物流服务供应链，农产品物流服务供应链，供应链契约，物流服务供应链协同与协调，不确定环境下的物流服务供应链管理、产出与需求的随机情形论述等。第3、4、5章为本书的核心内容，主要内容概括如下：第3章主要考虑随机产出下的农产品物流服务供应链协调，针对农产品物流服务功能提供商所提供物流服务能力的不确定性和随机性，提出了能力盈余风险共担契约和能力缺失惩罚契约来对农产品物流服务供应链进行协调；第4章是考虑随机需求下的农产品物流服务供应链协调，分别研究了线性需求和弹性需求两种需求模式的不确定条件下的农产品物流服务供应链协调，结合供应链中的收益共享、价格折扣和努力成本分摊契约，提出了三种新的协调机制；第5章主要研究了产出和需求同时随机条件下的农产品物流服务供应链协调，引入了现货市场，针对产出和需求同时不确定的环境，提出了一种灵活的柔性订货策略，并提出基于收益共享契约的惩罚—回馈契约联合协调策略。第6章为本书的结论及展望，对所有研究结果概括总结，在已取得的研究结果之上对将来可深入发掘的研究方向作展望。

虽然本书应用举例多是农业和物流行业方面的，但书中阐述的基本原理是具有普遍意义的。希望本书的读者能来自多种学科领域，包括管理、经济、农业、信息系统、人工智能、认知科学以及应用数学等领域的本科生、研究生、教师及研究人员。因此，尽管参考了大量文献，在编写时仍努力使叙述自成体系，以增强其可读性。

全书主要章节由郭龙撰写，并负责本研究室研究成果的整理。限于作者的水平，书中错误和遗漏在所难免，不足之处，恳请读者批评指正。

郭　龙

2022 年 9 月

目 录

Contents

第 1 章 绪论 ………………………………………… **001**

第 2 章 文献综述与理论基础 ……………………… **009**

2.1 概述 / 009

2.2 供应链契约 / 017

2.3 物流服务供应链的协同与协调研究 / 023

2.4 不确定环境下的物流服务供应链研究 / 026

2.5 研究述评 / 037

第 3 章 考虑随机产出下的农产品物流服务供应链协调 …… **039**

3.1 概述 / 040

3.2 随机产出下基于批发价格契约的农产品物流服务
供应链协调 / 045

3.3 物流服务能力盈余下基于风险共担契约的农产品
LSSC 协调 / 051

3.4 物流服务能力缺失下基于惩罚契约的农产品物流
服务供应链协调 / 057

3.5 算例分析 / 063

3.6 本章小结 / 071

第4章 考虑随机需求下的农产品物流服务供应链协调 ······ 073

4.1 概述 / 074

4.2 需求受价格—努力因素影响的农产品物流服务
供应链协调 / 086

4.3 算例分析 / 101

4.4 本章小结 / 109

第5章 产出和需求同时随机下的农产品物流服务供应链
协调 ·············· 111

5.1 概述 / 112

5.2 收益共享契约的惩罚—回馈契约下的农产品物流
服务供应链协调 / 121

5.3 算例分析 / 128

5.4 本章小结 / 133

第6章 结论与展望 ·············· 134

6.1 研究结论 / 134

6.2 研究展望 / 137

参考文献 ·············· 140

第1章

绪　论

　　新冠疫情暴发至今，各行各业都在发生巨大的改变，其中以运输为主的物流行业更是面临巨大冲击。疫情期间，物流运输业大面积停摆，作为生活必需品，农产品运输的需求却只增不减，突如其来的疫情改变了短期经济增长的轨迹，对各行业都造成了不可忽视的影响。而作为连接农产品生产和消费之间桥梁的农产品物流行业，也面临很大挑战（杨永光，2020）。对农产品物流行业来说，从上游对散户农产品的收购、运输，到下游对农产品的包装、销售，每一个环节均面临着人力不足、运力短缺的问题。尤其是疫情期间的农产品既属于必需品，又属于消耗品，消费者对农产品的需求量并未减少，但疫情管控跨区域物流受阻，导致大量农产品滞销，大量农产品供给与需求无法匹配，使市场失灵（张文谱等，2021）。而事实上，农产品流通价格在疫情期间也出现了两极分化，城市的农产品供不应求，超市断货、价格飞涨，而农村的农产品却供大于求，农产品市场出现需求和供应不匹配的供求矛盾，导致价格差异凸显。据国家统计局统计数据显示，2020年1月城市食品价格涨幅为4.4%，猪肉及蔬菜价格环比分别上涨了15.3%和8.5%，鲜果及水产品价格环比分别上涨了5.5%和4.5%。

另外，上游农产品产区流通不畅，供过于求使得农产品主产区价格呈下降趋势，农产品的价格在流通领域出现了供应方和需求方两极分化的情况（颜耀懿，2020）。

由此可见，新冠疫情对农产品物流需求造成巨大影响，此时通过对农产品物流企业进行整合，对物流资源进行更合理配置，实现供求平衡，尽可能减少疫情对农产品物流需求带来的负面影响，对于农产品物流规划以及充分实现物流系统的各项功能都具有较强的现实意义。农村农业部 2021 年发布的《关于落实好党中央、国务院 2021 年农业农村重点工作部署的实施意见》中也提到重要农产品有效供给，提升产业链供应链现代化水平，加强农产品流通体系建设，这就对农产品物流行业的整合提出了新的目标与方向。

一般来说，农产品物流企业能够将分散在不同地理空间上的农产品从供应地进行合理且高效的整合，尽可能地缩短交货日期，快速将农产品送到接收地，实现对顾客需求的快速响应；还可以处理农产品供需信息匹配、大宗农产品运输配送、冷链生鲜农产品储存包装、甚至肉食的快速加工与半加工等流程，这也是一些农产品物流企业能够在激烈的竞争中脱颖而出的重要砝码。在此情形下，农产品物流企业之间会通过各种协作模式来实现农产品供应链的共赢。为加强农产品物流企业之间的合作，尤其是不同功能的农产品物流企业之间的合作协调，组建高效运作、功能强大、能够提供一体化物流服务的农产品物流服务供应链，成为农产品物流企业之间合作共赢的必然选择（Brekalo et al.，2013）。

在实际运作过程中，农产品物流服务的特殊属性，使得基于基础的配送与库存管理方式进行的农产品物流服务供应链的协调和优化不能像对实体产品供应链的处理方式一样，只能通过对无形的农产品物流服务能力的集成、合作协调来进行优化。例如，可以通过重组或并购等方式整理分散的农产品物流服务资源，通过前卫精准的信息化手段，对农产品物流服务的各种能力进行有序集成和分散协调。可以通过增强农产物流服务功能的网络性和服务范围的联结性，根据农产品物流服务功能的差异性和顾客服务需求的个性化要求，对农产品物流服务产业内部市场结构进行有效的分层，各农产品物流企业以缔结相关契约的方式进行纵向一体化或横向一体化的合作协调，形成农产品物流服务产业的规模化发展（Cruijssen et al.，2007）。

农产品物流服务供应链是在传统实体产品供应链基础上发展起来的，近几年在国外开始兴起，国内目前关于农产品物流服务供应链的专题研究仍然相对较少，主要是以"农产品物流服务功能提供商——农产品物流服务集成商——顾客"组成的系统为基本结构，由农产品物流服务功能提供商和农产品物流服务集成商之间形成的纵向一体化合作协调模式。在整个农产品物流服务供应链运营过程中，农产品物流服务功能提供商根据自身拥有的农产品物流服务资源和能力等对农产品物流服务整体进行外包，而农产品物流服务集成商不仅提供单一的服务或产品，它还贯穿于整个农产品物流服务供应链的运营管理中，处于农产品物流服务供应链节点中的重要位置，与上游的农产品物流服务功能提供商和下游的客户之间形成了一种复杂的企业生态关系，除了对农产品物流服务功能提供商提供农产品包装仓储、加工配送等基本的农业物流服务之外，还对客户提供农业物流服务业务咨询、农业物流服务资源和能力重组、农业物流服务横向联合等其他增值服务（Cruijssen et al.，2007）。

在农产品物流服务供应链实际运作过程中，由于物流服务的特殊性、上下游信息的不对称性以及顾客对农产品的不确定性需求和农产品物流服务能力产出的不可预知情形，常常使得农产品物流服务集成商和功能提供商在进行决策时发生冲突。为了缓解农产品物流服务集成商和功能提供商之间的信息不对称和冲突问题，扩大农业物流服务能力销售量，农产品功能提供商和集成商之间通常通过签订相关契约的方式来进行利益协调（Jepsen，2014），以实现降低产出不确定性、需求不确定性以及信息不对称等风险。因此，设计合适的协调契约来降低风险不仅是农产品供应链研究的重点，同时也是农产品物流服务供应链研究的重点。基于此，本书将以简单的农产品物流服务供应链作为研究对象，考虑农产品物流服务需求随机、农产品物流服务能力产出随机、产出和需求同时随机下的几种情形，通过建立相关的数学模型来研究农产品物流服务功能提供商和集成商之间的决策问题，引入产品供应链契约理论，对不确定性环境下的农产品物流服务供应链建立协调契约，从而降低农产品物流服务供应链中的不确定性，减小供应链各成员间的冲突，实现农产品物流服务供应链的优化协调。

那么在疫情防控常态化的大背景下，从事农产品运输的企业也会迎来新的风险与契机，特别是在疫情对一些中小型农产品物流企业产生严重冲击的局面下，这些中小型农产品物流企业如何审时度势、强化自身优势、勇于竞争、寻求合作，是当下每一个农产品物流企业都应该认真思考的问题。同时，后疫情时代防控常态化情形下农产品物流服务供应链运营环境将整体呈现需求供给随机、内外部环境随机、政府政策法规及自然灾害随机等特点。农产品物流服务供应链成员之间如何在长期的意向合作协议基础上做好中短期竞争与合作、设计协调机制以应对突发事件，增强供应链柔性，提高供应链整体应变能力和协同能力，是实现农产品供应链协调运作需要解决的关键问题（Sting & Loch，2016）。

目前，大多数学者的研究工作仍然集中于产品供应链问题的研究，包括不确定环境、信息不对称环境等。但是，对于"农产品——客户"这一链条上的协调机制、库存管理、运输和供应链契约等问题，以及对农产品物流服务服务供应链的研究还没有得到大多数学者的青睐。而农产品物流服务作为社会主要的物流服务内容之一，对社会稳定和社会的发展都具有至关重要的支撑作用，应该引起学者的广泛关注，特别是在如何实现农产品物流服务功能提供商和集成商在不确定环境下的相互协调、快速响应顾客需求、增加农产品物流服务能力的敏捷性以及提高农产品物流服务能力的效率等方面，尚存在很多可待深入研究的空间。因此，对上述农产品物流服务供应链问题进行深入研究，可以进一步拓展供应链管理的研究领域。

并且，随着农产品物流服务产业的转变升级和专业化分工的出现，农产品物流产业市场上也呈现出了不同的格局。传统的具有单一功能的农产品物流企业不再对自身业务范围进行盲目的扩大，而是逐渐向现代农业物流服务企业转型和升级，并通过寻求互补性合作来弥补自身农产品物流服务功能的不足，从而使得一部分农业物流服务企业根据顾客需求和物流细分市场走向以提供农产品功能型物流服务为基础的差异化方向，继而进一步通过信息化手段来提高农产品物流功能的稳定性；而另一部分企业则发展成了具有集成型功能的农业物流服务企业，在现代农业物流服务产业中扮演功能型物流企业或顾客的整合角色。目前虽然有很多对农业物流企业运作管理和物流服务能力的理论和实践的研究，但大多数研究还是以农产品物流服务的物质资源为基础，主要针对有形的农业物流资源或固定资产，以及单个农业物流企业或简单的农业物流联盟、虚拟农业物流服务联盟，不仅没有将农产品物流服务产业作为一个独立的服务性产业，也忽视了各个农产品物流企业在产业的分工、协作、相互之间的演化等方面的研究。因此，将传统的农产品产业引入物流服务供应链，以物流服务供应链为载体，对农产品物流服务供应链节点上的成员，即农产品物流服务功能提供商和农产品物流服务集成商之间的联合协作进行深入研究，能够进一步丰富农业物流管理理论，为农业物流产业的发展提供新的理论支撑。

特别是我国农业物流服务企业处于快速增长阶段，仍然存在很多问题，如物流服务效率低下、资源分散、信息网络不完善等，难以满足顾客个性化的农产品物流服务需求，同时众多包装、仓储、加工及半加工、运输配送等单一功能的农业物流服务企业也面临着改革、改造和重组。通过对农业物流服务资源的重新组合，实现农产品物流服务的产业化和规模化发展。从农产品物流服务供应链的角度来看，整合后的农业物流服务企业之间存在着一种纵向的供需关系，通过降低农产品的物流服务成本，同时提高农产品的物流服务质量来快速响应顾客日益繁多的各种要求。因此，从农产品物流服务供应链来对农业物流服务运作过程进行研究，一方面能够增强农产品物流服务功能提供商和农产品物流服务集成商之间的能力互补、资源共享；另一方面能够促进二者提高在复杂环境下的农业物流服务质量，增强企业的优势，对于农产品物流服务供应链在现实社会的运营具有重要的指导意义。

本书的研究是在农产品供应链研究和现有关于物流服务供应链研究成果的基础上进行的。为提高农产品物流服务供应链的效率及各成员之间的合作协调，围绕产出和需求不确定环境下农产品物流服务供应链成员的运作决策问题，从供应链协调契约的角度，对农产品物流服务功能提供商和集成商的运作决策做进一步优化。研究工作不仅具有一定的理论价值，对于农产品物流服务功能提供商和集成商的日常运作管理也具有一定的借鉴意义。在传统产品供应链相关研究的基础上，以契约协调理论为核心，通过综述农产品物流服务供应链的相关研究现状，综合运用数学分析、运筹学和博弈论等数学工具，以"单一的农产品物流服务功能提供商——单一的农产品物流服务集成商——顾客"所构建的农产品物流服务供应链为研究对象，分别对农产品物流服务能力产出不确定、顾客对农产品需求不确定以及产出和需求同时不确定环境下的供应链协调进行建模仿真分析。本书共分为 6 个部分，内容如下。

第 1 章，绪论。主要介绍本书的研究背景和研究意义，确定本书的研究思路和脉络，提出主要的研究内容，明确本书的研究方法以及相应的创新点。

第 2 章，文献综述与理论基础。通过上述研究内容和方法对所涉及的相关研究成果进行系统的综述。主要包括农产品物流服务供应链的研究与发展现状、供应链契约协调理论、产出和需求的不确定性等方面，从而为本书的进一步研究提供支持。

第3章，考虑随机产出下的农产品物流服务供应链协调。针对农产品物流服务功能提供商所提供物流服务能力的不确定性和随机性，引入了农产品物流服务功能提供商的随机投入产出函数，在批发价格契约模型的基础上，对农产品物流服务集成商的农产品物流服务能力采购量小于顾客的农产品物流服务能力需求量，以及物流服务能力采购量大于顾客的物流服务能力需求量的两种情形分别进行了分析，提出了能力盈余风险共担契约和能力缺失惩罚契约对农产品物流服务供应链进行协调。

第4章，考虑随机需求下的农产品物流服务供应链协调。由于农产品物流服务功能提供商的服务质量直接影响着顾客的农产品物流服务需求量，本章假定物流服务需求不仅受农产品物流服务集成商零售价格的影响，还受农产品物流服务功能提供商为提高其物流服务质量所付出的努力水平的影响。基于此，分别研究了线性需求和弹性需求两种需求模式的不确定条件下的农产品物流服务供应链协调，结合供应链中的收益共享、价格折扣和努力成本分摊契约，提出了三种新的协调机制，即直接回馈—收益共享协调契约、多层次回馈协调契约和直接回馈—努力水平共享协调契约。

第5章，产出和需求同时随机下的农产品物流服务供应链协调。基于前两章的研究，本章仍以单一的农产品物流服务集成商和单一的农产品物流服务功能提供商所构建的二级农产品物流服务供应链为建模背景，引入了现货市场，针对产出和需求同时不确定的环境，提出了一种灵活的柔性订货策略，并提出基于收益共享契约的惩罚—回馈契约联合协调策略。

第6章，结论与展望。对上述研究结果概括总结，在已取得的研究结果基础上对将来的研究方向作展望。

具体研究路线如图1-1所示。

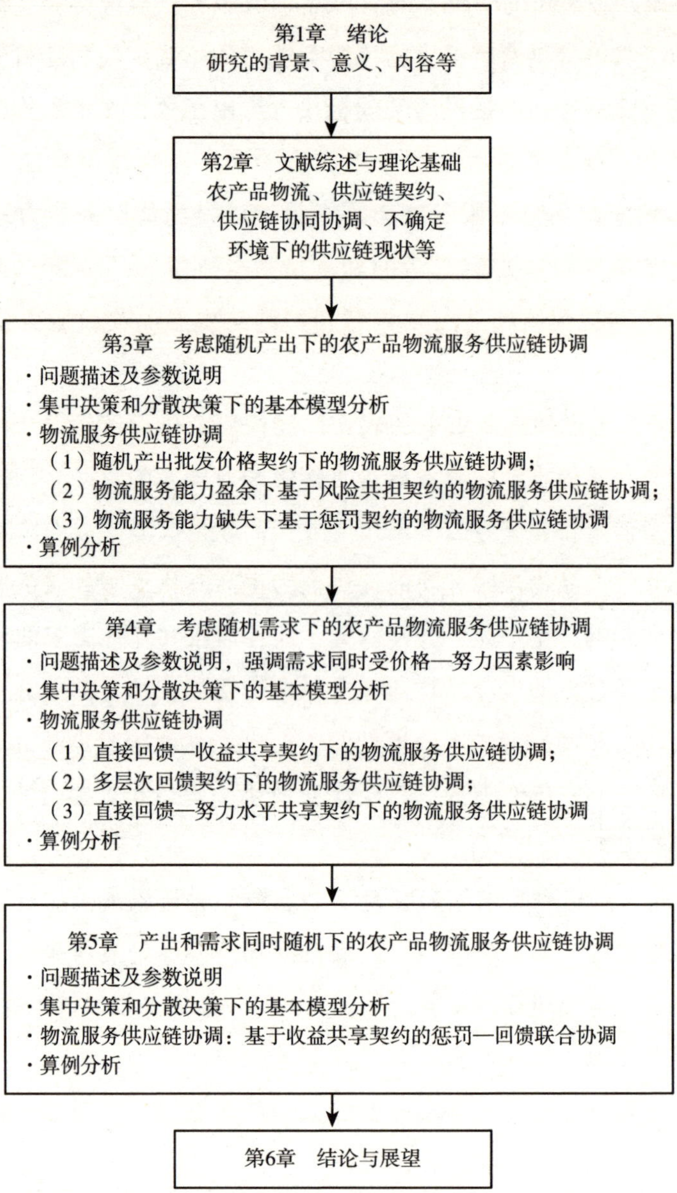

第1章 绪论
研究的背景、意义、内容等

第2章 文献综述与理论基础
农产品物流、供应链契约、
供应链协同协调、不确定
环境下的供应链现状等

第3章 考虑随机产出下的农产品物流服务供应链协调
· 问题描述及参数说明
· 集中决策和分散决策下的基本模型分析
· 物流服务供应链协调
（1）随机产出批发价格契约下的物流服务供应链协调；
（2）物流服务能力盈余下基于风险共担契约的物流服务供应链协调；
（3）物流服务能力缺失下基于惩罚契约的物流服务供应链协调
· 算例分析

第4章 考虑随机需求下的农产品物流服务供应链协调
· 问题描述及参数说明，强调需求同时受价格—努力因素影响
· 集中决策和分散决策下的基本模型分析
· 物流服务供应链协调
（1）直接回馈—收益共享契约下的物流服务供应链协调；
（2）多层次回馈契约下的物流服务供应链协调；
（3）直接回馈—努力水平共享契约下的物流服务供应链协调
· 算例分析

第5章 产出和需求同时随机下的农产品物流服务供应链协调
· 问题描述及参数说明
· 集中决策和分散决策下的基本模型分析
· 物流服务供应链协调：基于收益共享契约的惩罚—回馈联合协调
· 算例分析

第6章 结论与展望

图1-1 研究路线

文献综述与理论基础

2.1 概述

2.1.1 农产品物流综述

农产品物流是指将蔬菜、水果等未经过深度加工或仅简单加工的农产品，通过采摘、加工、搬运、运输等流程，最后到达消费者手中的流动过程。农产品物流对农产品的新鲜度有较高的要求，农产品只有损耗率最低、周转率最高、到达客户手中准时，才能获得较高的劳动报酬。同时农产品本身的价格会受到国家层面政策调整的影响，也会由于行业之间的相互竞争而产生较大波动。因此，农产品物流运输当前仍具有较大的风险性和不可控性。农产品物流在运输过程中保证其农产品在时间、温度、湿度、新鲜度以及卫生环境等方面达标，从而将农产品的自身价值最大化，获得较高的劳动报酬。农产品物流由于农产品自身的特性，而成为一种较为复杂的现代物流系统，需要物流各环节相互配合，资源合理利用。

萨查恩等（Sachan et al.，2005）为了实现供应链管理中成本问题的最优化，利用系统动力学的原理建立了一个关于粮食问题的供应链模型，该模型可以预测成本趋势。王等（Wang et al.，2012）研究了 GPS 在农产品运输中的应用，讨论了农产品物流监控的意义。琼奎拉和莫拉比托（Junqueira & Morabito，2015）对粮食供应链进行研究，选取了玉米这一粮食农作物进行特定研究，实验结果表明，基于离散逼近的概率分布将更有利于预估玉米产量，节约运输成本。孙和庞（Sun & Pang，2017）将蚁群算法引入车辆路径优化问题中，研究表明该算法能显著降低农产品物流配送中的燃料成本。薄和杨（Bo & Yan，2018）利用 NetLogo 仿真平台，采用多智能体系统（multi‐agent system，MAS）的整体建模和仿真方法建立了进化博弈仿真模型，促进农产品物流业务的畅通。钟（Zhong，2019）基于松弛测度的数据包络分析（data envelopment analysis slacks‐based‐model，DEA-SBM）方法，探讨了农产品供应链外部环境因素和上下游产业因素对我国农产品物流技术效率的影响，并进一步探讨了各类影响因素的作用机理。

对于农产品物流的研究，已有很多学者采用多种方法对于各个区域的农产品物流能力进行分析，并得出了不同的结论。吕金璐（2017）对河南省现有的四种农产品物流模式：直销、联营、产业化、商超对接进行分析，并提出创新农产品流通体系，转变物流渠道的未来发展策略。黄福华和龚瑞风（2018）分别从基础设施、供给总量、人才培养、信息化水平、消费能力等 21 个方面构建指标评价体系，利用灰色关联分析，对全国各省份进行评价，得出货运总量、水产品人均年生产总量、农村人均购买食品消费支出、第三产业占 GDP 比重、农村居民人均可支配收入是影响区域生鲜农产品物流能力最主要的因素，但不同省份的情况具有略微差别，并对于物流模式和地区政策方面均提出了有效建议。章海潮（2018）从区域经济指标、基础指标和知识指标三个方面选取了九个评价指标，建立了物流能力评价体系。采用因子聚类分析的方法，对于江苏省各个地区的农产品物流能力进行评价。结果显示，经济实力、交通网络的便捷程度和人才技术的集聚程度，对于物流能力的结果影响最大。江苏省区域内经济较为发达的苏州、南京和无锡，这些城市的农产品物流能力最强，得益于较强的经济实力、便捷的交通网络，以及人才和技术的集聚效应。宋换换（2020）采用熵值法和灰色关联分析，对于安徽省生鲜农产品物流能力作出了全面的评价，既进行了时间维度的安徽省农产品物流能力发展的趋势分析，又将安徽省内各市以及安徽省相邻省份的农产品物流能力进行对比分析，丰富了安徽省农产品物流能力的研究成果。黄青霞（2021）建立复杂系统协同度模型，将农业产业集群和区域物流纳入协同度模型当中对江苏省进行分析，研究发现江苏省存在农业产业集群和区域物流交易费用过高、联结性不强等问题，并从政府和企业的角度分别提出改进建议。

2.1.2 物流服务供应链综述

物流服务供应链管理是近年来在国内外学术界兴起的一个研究主题，目前还没有形成一个统一的定义。本书将从物流服务供应链的概念与结构研究、协调与协同研究等几个方面对物流服务供应链的研究进展进行综述。产业融合、市场竞争与专业分工的结果促使现代物流产业中出现了不同的物流组织形态。随着物流服务外包的整体性和复杂性的提高，物流组织以客户的物流需求为起点，形成互为供需关系的服务流程，从而完成一个完整的物流服务的供给过程，这种多级的供需关系就构成了物流服务供应链。作为一类重要的服务供应链，物流服务供应链近年来开始受到国内外学者的关注。

1. 物流服务链的概念

闫秀霞等（2005）将物流服务链模式定义为围绕物流服务核心企业，利用现代信息技术，通过对链上的物流、信息流、资金流等进行控制，实现用户价值与服务增值的过程。该管理模式是将链上的物流服务业如物流采购、运输、仓储、包装、加工、配送等和物流最终用户连成一个整体的功能网链结构，链上的加盟物流服务企业在协同作战和竞争取胜的过程中，共享信息、共担风险、共同决策、互相受益、共同发展。同时，文献指出形成物流服务链模式的根本动机是要增强渠道的竞争力，该模式是一种集成管理的思想，以某一物流服务单位为核心，集成链上合作伙伴的优势资源，围绕各种物流资源的快速整合来满足用户需求，旨在提高物流服务水平，降低总的服务成本，追求更强竞争力和更大效益。张建军和赵启兰（2017）围绕"互联网＋"背景下产品供应链物流需求演变的特点，分析了物流服务供应链的产生过程，结合物流服务供应链的本质以及物流服务供应链与产品供应链之间实际的子母关系，研究了产品供应链与物流服务供应链联动发展的重要性，提出了产品供应链与物流服务供应链联动发展演化的六个递进阶段，即产品供应链与物流服务供应链的"弱"联动、"点"联动、"线"联动、"面"联动、"网"联动以及"生态"联动。

上述定义从不同角度说明了物流服务链所包含的要素、特征等，但并没有完整准确地刻画其内涵及本质，因此，需要从系统的角度对物流服务链的内涵进行描述。

2. 物流服务供应链的结构与成员

通过对现有研究中关于物流服务供应链概念的界定及使用进行全面深入分析之后，本书发现，目前学者们对物流服务供应链的结构存在两种不同的理解。

对物流服务供应链的第一种理解以田宇（2003）为代表。根据其研究，指出在物流实际运营，尤其在电子商务环境的运营中，存在一种以集成物流服务供应商为主导的服务供应链，并首次将其命名为"物流服务供应链（logistics service supply chain，LSSC）"。其基本结构是"物流服务分包商（logistics service subcontractors，LSS）——集成物流服务商（logistics service integrator，LSI）——制造、零售企业模式"。其中，集成物流服务供应商一般是运输、仓储等功能型物流企业，其提供的服务功能单一、标准，并且业务开展往往局限于某一地域，集成物流服务供应商通常具有高效的信息处理能力，能为客户提供定制化的物流服务。

虽然上述学者从不同侧面对物流服务供应链的内涵进行了解释，但对物流服务供应链的结构构成上的认识却是一致的，即物流服务供应链的基本结构是："物流服务分包商——集成物流服务商——物流服务需求方（张翠华等，2017）"，其中物流服务分包商可能会再次分包从而形成多级物流任务分包的情况，其基本结构如图 2-1 所示。

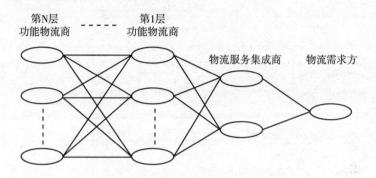

图 2-1　物流服务供应链基本结构

物流服务产品具有无形、不可储存、异质、受顾客影响等特征，决定了物流服务渠道较短，完全由客户需求驱动。然而，大多数学者在研究中常常忽视了物流服务需求方在物流服务供应链中的存在，仅考虑集成物流服务商与各级物流服务分包商之间的管理。蔡云飞和邹飞（2006）指出"功能型物流企业——第三方物流企业——工商企业"是物流服务供应链的基本结构，并分析了物流不同发展阶段的物流服务供应链的构建模式（见图 2-2）。同时，该研究认为随着物流外包程度的加深，物流运作模式完成了企业自营物流阶段、企业物流外包阶段和企业供应链管理业务外包阶段这三个阶段的演化，物流服务供应链的不同结构本质上是五种物流服务在不同的供应链成员之间分工变化的结果，而分工的变化主要是工商企业物流业务不断释放的过程。

对物流服务供应链的第二种理解以刘伟华为代表。刘伟华（2007）在界定物流服务供应链的内涵时明确指出：物流服务供应链中主要有两类企业主体，分别是集成物流服务商和功能型物流服务提供商。物流服务供应链是为了响应迅速出现的服务需求，使得不同层次物流企业之间组合形成的物流服务供应网络。物流服务供应链是由来自若干法律上独立的核心能

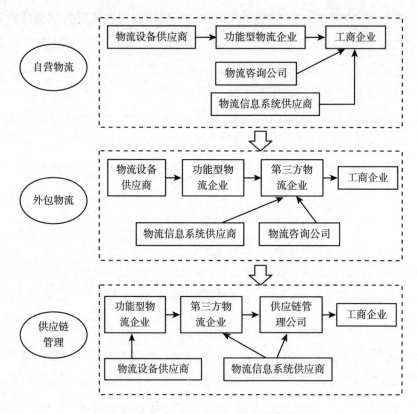

图 2 - 2 不同模式下物流服务供应链结构

力互补的物流企业所结成的长期的、紧密的合作关系。但该研究同时也认为，与简单的物流外包的两级合作关系不同，物流服务供应链属于多级外包的合作关系，即物流服务供应链不仅要考虑物流服务集成商与物流服务功能提供商之间的合作问题，还要考虑物流服务分包商、集成物流服务商和客户三者之间的供应链优化协调问题。该研究提出的物流服务供应链结构类似图 2 - 1。

国外关于物流服务供应链的研究相对较多，但与国内的研究基本一致。事实上，国外学者也注意到了客户企业的物流服务需求通常需要多家物流企业合作完成。一些物流服务商通过兼并收购、合资、结盟、合作等形式整合多家物流企业的资源和能力来提升自己的服务范围和服务能力，从而更好地满足了客户更为复杂的物流服务需求（张建军和赵启兰，

2019），但该研究仍然主要从战略管理的层次对物流企业结盟的动机、过程及优势进行定性分析。乔伊等（Choy et al.，2007）认为物流服务供应链是以"功能型提供商——物流服务集成商——客户"为基本结构的供应链，以中国南方物流发展情况为例，提出了利用集成化物流信息管理系统（integrated logistics information management system，ILIMS）来管理这种服务供应链的不确定性问题。

由以上研究可以看出，我国物流企业从功能上也逐渐呈现出了分化的现象。从学术上而言，物流服务功能提供商和集成商这两个概念更能概括物流服务运作的特征——功能和集成。通过对相关概念的比较可知，物流服务功能提供商和集成商是沿着深化物流服务内容的角度提出的，功能提供商强调为顾客提供基础的物流服务活动，集成商侧重为顾客提供整条供应链的解决方案。从供应链的角度来说，功能提供商处于供应链的上游，集成商处于供应链的下游。

2.1.3 农产品物流服务供应链综述

1. 农产品物流服务功能提供商

供应链管理专家委员会（Council of Supply Chain Management Professions，CSCMP）指出物流服务提供商（logistics service provider，LSP）是指以提供任意物流服务为主的物流企业的统称。所提供的物流服务主要包括三种类别：第一，提供单项基本功能的物流服务，主要提供仓储、运输等单一或少数物流功能的服务项目，提供这类服务的物流企业要求以最优效率的方式完成仓储、运输等基本物流服务操作；第二，提供多功能性物流服务，如运输、仓储、配送、流通加工等，同时提供信息管理服务，包括库存控制、信息跟踪，这类服务建立在长期物流合作基础上；第三，物流集成服务，是根据客户供应链的需要，全程参与并衔接客户供应链的采购、生产、销售的各个环节，完成客户整个供应链条的全部物流活动（李毅斌等，2012）。由此可知，农产品物流服务功能提供商，主要是指传统的农产品物流企业，拥有自己的农产品物流服务基础设施，经营一项或几项农产品物流业务，如农产品仓储企业、农产品运输企业、农产品流通加工企业等。它们往往掌握着一定的物流专业技能，还会运用自有的或可控制的物流资源，为农产品物流服务集成商提供单一的仓储、运输等基本的物流运作服务以及包装、流通加工等增值服务，集成化程度较低。

2. 农产品物流服务集成商

物流服务集成商（logistics service integrator, LSI），其概念的提出最早是国外学者以企业物流外包过程中物流服务提供商的选择为背景，基于物流服务集成商不拥有物流基础设施，需要整合其他企业资源，而后期则更多是基于物流服务集成商提供高附加值的物流服务和客户物流解决方案提出的。国内外学者又将其称之为客户开发者（customer developer）、物流集成商（logistics integrator）、集成型提供商（integrated vendors）、物流方案提供商（logistics solution provider）。所以农产品物流服务集成商，则主要是指为客户整条农产品供应链提供一体化物流解决方案的农产品物流企业，它承担农产品物流系统的规划设计、农产品物流系统运作所需资源的开发与采购、农产品物流运作系统的衔接、农产品物流运作质量的监督与控制等任务，最后直接与客户签订"一篮子"服务合同，是客户统一的且唯一的服务接口，通过与农产品物流服务功能提供商建立一种长期而稳定的合作伙伴关系，完成客户所需的多项甚至所有的农产品物流，例如仓储、运输、配送、流通加工、信息管理等全方位的"一条龙"服务。

3. 农产品物流服务供应链

物流服务供应链（logistics service supply chain）是服务供应链在物流行业的应用。近年来，学者对物流服务供应链的研究，大多是基于"功能型提供商—物流服务集成商—客户"模型进行的，并在此基础上扩张为一对多、多对一、多对多等模式。目前，国外对服务供应链的研究比较多，而对农产品物流服务供应链的研究相对较少，文献也相对较少，大多数主要集中于以产品供应链为基础的演变研究，还有研究主要侧重于综合物流服务商的类别区分。那么我们可以认为，农产品物流服务供应链是在农产品物流服务采购到销售的整个过程中产生的，是从最早的农产品物流服务供应商到最终客户所连接起来的链式结构。通过农产品物流服务集成商和农产品物流服务功能提供商的合作，整合物流服务运作能力和物流服务要素能力，是以能力合作为基础的服务型供应链。当农产品物流服务供应链随顾客需求的变化而变化时，不仅农产品物流服务集成商可能会发生相应变化，农产品物流服务功能提供商也会随之变化。

2.2 供应链契约

现代经济学中的契约概念是将所有的市场交易均看作是一种契约关系，并以此作为经济分析的基本要素。从古典契约理论到新古典契约理论，再到现代企业契约理论，契约理论在经济学领域得到了广泛的发展与应用。供应链契约（supply chain contract，SCC）是指通过提供合适的信息和激励措施，保证买卖双方协调，优化销售渠道绩效的有关条款，是经济学契约理论在供应链中的一种表现形式（胡晓青等，2022）。供应链是多企业主体参与的复杂网络，成员间合作关系管理是供应链管理的主题之一（Lambert & Enz，2017），协调是供应链管理所面临的核心问题，而供应链契约是实现供应链协调的有效机制之一（Hingley et al.，2012）。

帕斯特纳克（Pasternack，1985）最早提出供应链契约的概念，其研究主要源于多阶段库存理论。后来的学者们将研究的目光转向了整个供应和销售系统的协调，希望通过对供应商和零售商之间的交易进行安排和约定，使个体及整体同时达到最优，以实现协调。供应链契约本质上是一种激励机制，通过改变供应链的激励结构，使得供应链达到协调运作状态。

因此，供应链契约问题的实质是对不同需求模式确定相应的优化订货策略，设计优化合同策略，克服供应和需求的不确定性，使供需双方利润最大化（刘家国等，2019）。供应链契约具有两个主要目标：一是增加整个供应链的利润，使之尽可能接近集中决策下的利润值；二是能够更好地控制供应链成员之间因合作而带来的风险（姜丽宁等，2013）。

供应链契约按照其参数不同可划分为四种基本类型，即批发价格契约（wholesale price contract）（Zijm & Timmer，2008）、回购契约（buy back contract）、数量弹性契约（quantity flexibility contract）和收益共享契约（revenue sharing contract）（Cachon，2003）。下面将对与本书研究密切相关的几种常见供应链契约的国内外研究现状进行总结和分析。

2.2.1　批发价格契约

批发价格契约也称价格契约，是指供应商和零售商相互签订批发价格契约，零售商根据市场需求和批发价格决定订购量，供应商根据零售商的订购量组织生产，零售商承担未销售产品的一切损失。因此，在批发价格契约中，供应商的利润是确定的，不用承担市场风险，而零售商则必须承担全部市场需求风险。批发价格契约是最为常用的一种契约模式，其签约成本相对较低。在大多数供应链管理模型中，批发价格一般被认为是固定的，并且是不可协商的。例如，胡等（Hu et al.，2018）研究了具有批发价格约束和考虑公平性的供应商管理库存合同下的供应链协调问题，给出了零售商的最优批发价约束和供应商的最优生产数量。然后，通过考虑零售商与供应商利润分配的公平性，推导出供应链的协调条件。分析表明，增加公平偏好不仅限制了零售商的效用函数，而且增加了供应商的期望利润和生产数量。此外，只有当零售商具有较大的公平偏好时，才能实现供应链协调。石和肖（Shi & Xiao，2008）建立了最为简单的批发价格契约模型，该模型考虑了产品的批发价格、生产成本、零售价格以及市场需求等变量，并且假设批发价格是固定的，考虑到批发价格契约本身不能实现供应链协调，因此，单纯的批发价格契约无法实现供应链整体期望利润最大化。由于假设了供应商的批发价格是固定的，因此属于"推动"效应的契约模式，无法真正"拉动"零售商的订购和销售热情。一般而言，单纯的批发价格契约无法实现供应链的协调（李晓静等，2019），因此，几乎没有人提倡利用该契约来提高供应链的整体收益。目前大多数研究主要侧重于将批发价格契约与其他契约作比较，作为验证其他契约形式的基准。由于批发价格契约相对来说很少发生签约成本，且没有退货成本，所以，在产品残值很小、退货成本较高的情况下，简单的批发价格契约可能比其他协调策略更为有效。

2.2.2　回购契约

回购契约也称为退货政策，是目前应用最为广泛的一种协调机制。所谓回购契约是指供应商用一个合理的价格从零售商处买回产品销售期结束后没有卖出的产品，从而刺激零售商增加订购量，扩大产品的销售量。帕斯特纳克（1985）是最早研究具有随机需求的短生命周期产品的最优定价和退货的学者，主要研究了共同销售渠道下的退货政策，分析了由于边际效益的影响导致潜在的运作的无效性，在退货价格小于批发价格的假设条件下证明了销售渠道的总利润趋近于纵向整合供应链的情况。同时，他认为完全退货政策和不允许退货政策均不是有效方案。例如，完全价格的部分退货或是部分价格的全部退货可以实现供应链渠道协调，并可以通过帕累托优化提高协调效率。部分退货下协调的退货价格依赖于需求的分布函数、零售价格、批发价格和产品成本，而全部退货下协调的退货价格与需求分布无关。曹和阮（Tsao & Vu，2019）以电力公司和用户为研究对象，探讨了智能供应链网络设计问题，构建了基于差别定价和回购策略下的智能供应链网络模型，采用连续逼近方法进行求解，并提出了一种基于非线性优化的智能供应链网络设计算法。结果表明，在差别定价和回购契约下集中式模型比分散式模型更容易获得更高的利润。泰勒（Taylor，2002）

对需求与零售商的努力水平相关情况下的回购契约进行了研究，研究表明，将回购契约与回馈策略结合可以实现供应链的协调。

在国内，陈建新等（2019）以选取单阶段的风险厌恶且资金约束的供应链系统为研究背景，在随机市场需求假设下，资金约束的零售商采取从银行贷款的融资方式时，应用 CVaR 风险度量准则计算有资金约束零售商的最优订货量，并讨论作为供应链主导企业的供应商采取回购契约对供应链在协调时回购契约参数满足的条件。结果表明，风险厌恶因子并不影响回购契约中回购参数大小的设定，但会影响供应链系统分散和集中决策时的最优订货量，且资金约束风险厌恶的零售商所在的供应链系统中，集中决策的订货量和供应链利润仍大于分散决策时的订货量和供应链利润。此外，零售商的初始资金和贷款利率会影响供应商的期望利润，此时供应商可以通过调节回购契约中的回购比例实现供应链的协调。

关于回购契约方面的研究文献相对较多，然而，为了研究和建模的方便，大多学者对供应链的实际情况进行了简化，如忽略零售商的决策偏好和努力因素等。因此，相应的研究结果往往偏离实际情况，供应链的参与者无法根据自己的实际情况来选择最优退货政策。而且目前关于退货政策方面的大多文献认为零售价格是固定的，这与实际情况并不相符，同时也缺乏对退货政策下价格机制的探讨。

2.2.3 利益共享契约

利益共享契约是供应商给零售商以一个较低的批发价格，并且从零售商处获得一部分收入的协议。海达里和卡西米（Heydari & Ghasemi, 2018）研究了由单个集成商和单个供应商组成的两级逆向供应链，考虑了退货产品的不确定性和再生产数量的不确定性，构建了收入共享机制，以公平地分担两个成员之间的不确定性风险。结果表明，在再生产能力受到限制的情况下，收入共享机制能够在参与者之间分担风险并创造双赢局面，实现供应链协调。内尔贾（Nerja, 2022）分析了利益共享契约在两种情况下的运用：一是需求是随机的，下游企业在知道实际需求之前确定价格和库存；二是需求可预知且随时间的推移而下降，价格是可变的，并以录像带行业作为例子进行了分析。吕等（Lv et al.，2015）讨论了两个较为对立的契约模型，即利益共享契约和批发价格契约，提出了"利益共享加多余补助"的新型契约模型，通过实施该契约，可以很容易实现供应链协作，并增加供应链中各成员的利益。刘等（Liu et al.，2020）在设备制造商和客户组成的供应链中，针对设备维护的不确定性，提出了基于收益共享和成本共担契约来实现供应链协作，研究结果表明，收益共享契约可以刺激设备制造商将设备质量提高到更高水平，而带有质量改进成本分摊的收益共享契约可以使设备在某些条件下达到最佳性能。此外，当共享系数满足某些条件时，同时包含质量改进和维护服务成本分担的收益共享契约可以获得最佳结果，从而实现了供应链效率的提高以及有效地实现帕累托改进。

在国内，张建军和赵启兰（2019）等研究了两级物流服务商参与的供应链系统，该系统存在一条由制造商与零售商构成的产品供应链和另一条由物流服务集成商和物流服务提供商构成的物流服务供应链。通过分析两方合作、多方合作等不同决策模式下的博弈情形，得出了在两方合作决策模式下，对于物流服务供应链而言，集中决策属于占优策略，而当物流服务水平敏感系数与零售价格敏感系数满足一定条件时，产品供应链选择集中决策模式。在系统集中决策模式、三方合作决策模式、两方合作决策模式下的系统总利润、物流服务水平和产品销量依次递减。基于此，马雪丽等（2018）采用纳什谈判模型及最小核心法设计了不同合作模式下的供应链利益分配机制，实现了供应链协调。以供应具有季节性的农产品为研究对象，研究了由"农户——第三方物流供应商——零售商"组成的三级供应链协调问题。将农产品的数量和质量损耗均视为物流供应商供应链绩效的内生变量，分别建立了分散与集中决策模式下的动态博弈模型。分析表明，分散决策模式下供应链各成员的决策能够导致产品销售量和销售价格扭曲，严重影响供应链绩效。针对三级供应链中的两个交易过程，并基于对系统中相关决策变量的变化及影响因素分析，分别设计了成本分担和收益共享协调契约，通过论证发现在一定条件下该组合协调机制可以显著扩大农产品的销售量，实现了供应链各成员收益的帕累托改进。

2.2.4 回馈与惩罚契约

回馈与惩罚契约是指供应商给零售商提供一个销售目标，如果零售商超额完成任务，超额部分则给予奖励，否则，对没有完成任务的部分进行惩罚。严等（Yan et al.，2019）针对突发事件影响产品的销售价格和再制造产品的回收价格、新产品的制造成本和再制造产品的再制造成本等发生扰动的情况，引入了条件风险值刻画随机需求下单一风险厌恶型的零售商和单一风险中性的制造商组成的闭环供应链模型，探讨了突发事件发生前后基于订货量与实际回收量的回馈与惩罚契约能否实现风险厌恶闭环供应链的协调问题。研究结果表明，突发事件造成新产品和再制造产品的价格与成本同时发生扰动时，回馈与惩罚契约能够实现突发事件发生后风险厌恶闭环供应链的协调。此外，还有一些学者提出对供应商提前或拖期产品交货进行惩罚的惩罚契约，研究表明提前或拖期交货不仅降低了供应链的服务质量，而且提前交货将增加零售商的存储费用，拖期交货还需要向其支付违约附加费用，因此，通过采用惩罚契约来实现准时供货。然而在实际操作中，惩罚契约实施起来有一定的难度。这是因为零售商为了减轻惩罚，会采用各种手段来掩藏信息，从而使供应商很难监控到零售商完备的信息。由于惩罚策略通常需要供应商具有一定的强制力来执行，所以，如果没有其他优惠措施来吸引零售商的参与，可能会导致契约执行的失败。

在国内，孙怡川等（2017）以单个制造商单个零售商两级供应链模型为研究对象，考虑了制造商的努力水平和销售价格的线性需求函数，分别讨论了在无风险波动下集中和分散两种情形的供应链优化问题。通过协调分析发现，回馈与惩罚契约是可以实现供应链成员的双赢，并给出了协调过程中的最优销售目标和批发价格。王永明等（2021）分析了经典供应链契约模型下供应链达到协调状态时，系统风险的分配状况，证明了退货政策下供需双方的风险始终不变；在双边价格策略下，总有一方风险为零，而另一方承担全部风险；目标回馈策略下，零售商风险始终大于供应链系统的风险。为了弥补经典供应链契约风险分配柔性差的不足，文献提出了一种新的契约形式——非线性回购合同策略，该新型的契约不仅能够协调供应链系统，还可以将利润与风险在供需双方任意分配。

回馈契约主要是生产商给予顾客一种返还奖励，通常被应用到公司内部的奖励计划中，如根据员工的销售业绩给予一定的奖励。回馈契约在硬件、软件和汽车业中得到了广泛的应用。在个人电脑行业，如 Compaq、HP 和 IBM 等，对零售商实施了回馈契约，在 2007 年，产品的回款率从不到 3% 增加到 6% 以上。惩罚契约则在信息经济学中得到了广泛的运用，主要用于对代理人掩藏努力水平的成分。

2.3 物流服务供应链的协同与协调研究

供应链上的企业需要充分实现供应链企业之间的协调与协同才能够取得最理想的合作绩效，因此供应链企业间的协调与协同一直是供应链管理研究的一个重要主题。作为一个管理学概念，协调难以很好地实现概念的操作化（construct operationalization），所以，很少有研究者对这一变量进行测量。虽然在概念的外延上，协调能够涵盖协同。物流服务供应链协同（调）是指物流服务供应链建立后，在物流项目的运作过程中，供应链各成员动态地共享资源，对各种经营活动的相互依赖关系进行集成化的管理与决策，达到改进供应链各成员和供应链整体绩效的目标，它既是一种管理行为，又是一种协作和谐的状态。本书考虑了协调与协同在内涵侧重上各有不同，协调更侧重于合作各方之间的利益、动机、资源及能力等方面的匹配，协同更侧重于系统各要素在运作等具体的实现过程中的同步、配合及衔接（李毅斌等，2012；刘伟华等，2012），但由于这两个方面有着紧密的联系，因此，本书将这两个概念作为一类主题进行综述。

2.3.1　物流服务供应链中的双边协同与协调

在物流服务集成商与物流服务功能提供商之间的协调研究中，何等（He et al.，2016）以汽车行业为研究背景，建立了随机需求下基于可靠性的物流服务供应链回购契约模型，研究结果表明，回购契约可以更好地实现供应链的协调，最佳物流服务能力订购量、回购价格和预期利润随可靠性的增加而减少，回购价格、预期利润随惩罚成本的增加而减少，最佳物流服务能力订购量则随惩罚成本的增加而增加。高卉杰（2017）在其博士论文中运用博弈论研究物流服务集成商与物流服务功能提供商之间的协调关系，从物流服务集成商对多个物流服务功能提供商的任务分配、物流能力数量、质量监控策略选择及利润分配四个方面建立了博弈模型，并对均衡结果进行了仿真分析。高志军等（2017）认为物流服务供应链管理的主要内容包括能力管理、信息管理、流程管理和关系管理，其中能力管理主要指链上的各物流组织的物流要素能力及物流运作能力的互补及匹配；信息管理主要指不同物流企业间的信息共享管理；流程管理主要指对跨企业的流程管理及知识创新管理；关系管理是对物流服务供应链成员间的信任、依赖等合作关系的管理。而物流服务供应链的协调机制是指各种供应链契约，即从回购契约、期权契约、不完全关系契约及物流服务质量协调决策四个方面建立了博弈模型，研究了契约参数的最优设计问题。桂云苗等（2009）研究了需求在价格敏感的随机条件下物流服务集成商与单一物流服务功能提供商之间的集中协调、斯塔克尔伯格主从协调、竞争联盟协调三种协调方法最优解的实现方式，证明了竞争联盟协调方法优于斯塔克尔伯格主从协调方法，同时实现了集中协调的绩效水平。此外，部分学者根据物流服务集成商与物流服务功能提供商之间的主从关系，建立了主从博弈的利益分享协调模型，并对利益分享契约参数的影响进行了分析（韩小花等，2018）。

在物流外包方与集成物流服务商（第三方物流企业）之间协调的研究

中，国内学者运用博弈论和代理理论（agent theory）研究物流外包合同的文献相对较少。田宇（2005）分析了主从对策均衡下的第三方物流外包合同，随后根据物流外包的多重任务特性，利用多任务代理模型分析了物流外包中的最优契约设计，发现了物流任务的可观测性和关联性对最优合约设计有重要的影响，提出了物流外包方应把主观绩效考评与客观绩效考评相结合，通过与第三方物流企业建立长期合作伙伴关系，以防止第三方物流企业的短期机会主义行为，从而获得最优的激励效果。赵霞等（2014）将供应链协调合同分为共享节约合同、存货协调合同及努力水平影响需求的供应链协调合同，分析了线性需求和随机需求条件下的客户企业与第三方物流服务商之间的共享节约合同，以及集中与分散决策模式下的成本分担与收入分享合同。孙国华和许垒（2014）将合同业务规模、企业成长及宏观经济环境因素纳入激励合同分析框架中，构建了物流外包的激励契约分析模型，通过分析不同因素变化对模型的影响，发现外包业务规模及成长性对激励合同中的最优风险分担系数的影响较小，而对期望总收益却有着较大影响。此外，业务运作中的不确定性对外包风险的影响远大于经济环境的不确定性的影响，分析得出了加强运作监管仍是降低外包风险的主要途径等主要结论。

2.3.2 物流服务供应链中的多边协同与协调

目前，对于物流服务供应链中的多边与协同研究成果也相对较少，从关系类型来看基本上可以分为"物流服务需求方——集成物流服务商——物流服务分包商"的两层关系研究以及"发货人——第三方物流服务商——收货人"两种主要类型的多边协调与协同。

在"物流服务需求方——集成物流服务商——物流服务分包商"的两层关系协调与协同研究中，蔡建湖等（2016）选取了批发价格和销售收入定量比两个参数，分别构建了"物流服务需求方——集成物流服务商以及物流服务需求方——集成物流服务商——物流服务分包商"的物流服务供应链收益分享合同模型，提出了不同模型下收益分享合同有效的条件，并主要对物流服务供应链两层关系模型中的合同参数对各方参与合作的积极性的影响进行了分析。张和朱（Zhang & Zhu，2019）认为物流服务供应链是以"物流服务分包商——集成物流服务商——客户"为基本结构的供应链，并针对中国南方的第三方中小物流企业，在缺少系统化的信息处理手段的情况下，提出了利用集成物流信息管理系统来管理集成物流服务商与物流服务分包商以及客户企业之间的信息流，通过整合业务流程及增强信息透明度来降低不确定性，并引入了一个案例对该集成物流管理信息系统进行了讨论。高志军等（2012）将物流外包企业的绩效目标分为安全绩效和质量绩效，在委托代理理论的基础上，构建了客户企业设置奖惩条款下的物流服务供应链双层委托代理的安全和质量协调模型，研究发现，客户企业可以通过提高奖惩系数和设置较高的奖惩目标来提高物流服务分包商和物流集成商在各自任务上的努力水平，以安全有效地完成客户企业的物流服务任务目标。

温江荣（2014）指出发货人、收货人及第三方物流服务商之间形成了物流服务三边关系，其中发货人与第三方物流服务商之间基于正式的物流外包关系形成了主委托人—代理人关系，而收货人则与第三方物流服务商之间形成了副委托人—代理人关系，进而分析了收、发货人之间处于信息不共享和信息共享两种情况下的激励契约机制，研究表明，当收、发货人不共享彼此的物流结果信息时，第三方物流企业只有提高对发货人努力水平的积极性才能获得帕累托改进，而在收、发货人共享信息时，第三方物流企业的收入波动性增强，提高对收、发货人的努力水平均可使其获得帕累托改进。

2.4 不确定环境下的物流服务供应链研究

从物流服务功能提供商产出随机、顾客需求随机以及产出和需求双边随机三个维度,可将与本书密切相关的国内外研究分为以下三类:随机产出下的物流服务供应链管理研究;随机需求下的物流服务供应链管理研究;产出和需求双边同时随机下的物流服务供应链管理研究。

2.4.1　随机产出下物流服务供应链管理研究

在供应链上游产品生产中,生产过程往往是不确定的。在生产中,即使投入的生产要素一样,最后的产出通常也是不同的,可能会偏离最初的最优计划生产量。而供应链管理的本质是管理供需匹配问题,产出随机将直接导致供应的不确定,即使需求确定,产出随机环境下也会使得供需难以匹配。因此,许多学者也对产出随机(需求确定)供应链管理进行了研究。最早涉及这一领域的是柳井(Yanai, 1958),该研究假定是否订货是唯一的决策变量,运用经济订货批量(economic order quantity, EOQ)模型研究了产量随机下的零售商库存控制问题,并给出了订货或不订货的库存水平临界值。古尔纳尼和哥查克(Gurnani & Gerchak, 2007)研究指出,与需求随机一样,分散决策时,产出随机也会导致双重边际效应,表现为供应商的生产投入不足,从而导致供应链总体利润小于集中决策下的利润。因此,产出随机供应链的协调管理也引起了部分研究者的关注。下面分别从订货(生产管理)和供应链协调方面对主要文献进行阐述。

订货(生产管理)方面,蔡和王(Tsai & Wang, 2017)构建了一种期望总成本最小化的动态规划模型,研究了具有固定交货期的周期性生产系统。研究指出,订购点是周期性生产系统的最优策略,且产出随机下,生产投入批量总是大于确定的最终客户需求。李等(Li et al., 2012)在加法产出模型(additive random yield)和乘法产出模型(multiplicative random yield)下,研究了需求确定的情况下分销商的订购策略。研究表明,分销商的最优订购量可能会超出确定的需求量。此外,产出随机将给供应链上各成员和整个系统带来利润的损失,其中分销商损失最大,一定条件下产出随机反而对生产商有利。以上研究考虑了单一供应源情况。侯和林

（Hou & Lin，2018）发现单个企业面临着两个产出随机供应商，且供应商的产出率分布与批发价格均不同。研究指出，供应商多样化可以降低总体产出波动水平对企业的影响。吉里（Giri，2011）认为单个面临需求确定的风险厌恶零售商可以向一个批发价格低、但产出随机的供应商订购，也可以向一个批发价格高、但产出确定的供应商订购。以最小化库存和订购总成本为目标，给出了零售商的单周期最优订货策略。研究表明，风险厌恶的零售商更愿意选择可靠的供应源。

供应链协调方面，麦金莱等（McKinley et al.，2021）研究了多个随机产出零部件供应商和单个面对需求确定的制造商的组装供应链协调问题。研究指出，批发价格与缺货惩罚组合契约和批发价格与溢出惩罚组合契约均能够协调该系统。张文杰和骆建文（2016）分别构建了批发价格、批发价格与缺货惩罚组合、批发价格与剩余原材料补偿组合以及批发价格与缺货惩罚、剩余原材料补偿组合四种契约下生产商占主导的斯塔克尔伯格博弈模型，研究了"单供应商—单生产商"的两级供应链协调问题。因德弗斯和克莱门斯（Inderfurth & Clemens，2014）分析了在面对供应商产出随机导致的双重边际效应时，确定需求零售商可以通过缺货惩罚策略或生产过剩补偿策略来激励供应商投入更多生产，同时，缺货惩罚策略能够使供应链达到协调，而生产过剩补偿策略却不能，且当供应商具有紧急生产能力时，批发价格契约也能够实现供应链协调。罗和陈（Luo & Chen，2015）在因德弗斯和克莱门斯研究的基础上考虑了供应商风险规避行为，研究了风险规避对产出随机供应商生产投入决策和供应链协调策略的影响。

以上研究均是基于批发价格与缺货惩罚（剩余补偿）契约。唐和库维利斯（Tang & Kouvelis，2014）对现有研究进行了拓展，分析了如何通过收益共享与剩余补偿组合契约协调单个产出随机供应商和两个竞争性零售商的协调问题。因德弗斯和克莱门斯（2014）在随机产出和确定性需求下研究了供应链契约的协调问题，研究表明，简单的批发价格契约难以达到协调的目的，而运用复杂的奖励和惩罚契约能够达到风险分担的目的，并且证明了当供应商存在高成本且可靠的二次紧急生产资源时批发价格契约可以协调这种情况下的供应链。此外，陈和杨（Chen & Yang，2014）也对带有紧急备用资源的随机产出下的供应链协调机制进行了探索。亚诺和李（Yano & Lee，1995）提出了产出不确定分布的类型不仅仅只包括随机比例产出模型，该模型包括一种二项式分布的产出类型。克莱门斯和因德弗斯（2015）在其研究随机比例产出模型的基础上将简单的批发价格契约、奖励契约和惩罚契约协调的方法拓展到了二项式分布的产出类型上。

2.4.2 随机需求下物流服务供应链管理研究

关于随机需求供应链管理研究，本书从经济学研究中的随机需求特征和随机需求供应链管理研究两个方面进行阐述。

1. 经济学研究中的随机需求的特征

随机需求认为市场是存在风险的，在一定时期内需求无法用确定的函数表示。现有的供应链契约研究中所采用的随机需求主要表示为以下四种形式。

第一种是在一定的价格水平上满足某种分布规律的随机数，如正态分布、泊松分布、二项分布和均匀分布等。研究库存问题和牛鞭效应的文献大多集中于计算需求的不确定程度对库存和订货决策的影响。当需求分布参数未知时，大多数库存问题选用贝叶斯等方法对模型进行改进。

第二种类型是包含随机变量的需求。主要是指需求函数中包含随机扰动项，使得需求具有不确定性。如可以将与确定需求函数描述下的某一因素有关的需求拓展为随机需求形式。此类需求函数常出现在需求受某类因素的影响而变化的供应链契约机制与协调问题中。常见的主要研究包括两类，即需求与价格相关以及需求与销售努力水平相关。

首先，在影响市场需求的各种因素中，价格是最重要的商业行为，通过价格吸引顾客，影响顾客的购买决策。一般的经济规律是价格与需求呈相反的变化关系。但是，价格变动对不同产品需求量的影响程度不同，例如生活必需品和高档的耐用消费品。在随机需求具有价格相关性的情形下，零售价格和订购量同时成为零售商的决策变量，因此需要研究联合最优定价订购决策问题。通常是把依赖价格的随机需求 $D(p, \varepsilon)$ 分解成两部分：一是与价格相关的均值需求 $y(p)$；二是与价格无关的随机需求扰动项 ε。常用的两种需求函数是加型需求函数 $D(p, \varepsilon) = y(p) + \varepsilon$ 和乘型需求函数 $D(p, \varepsilon) = y(p)\varepsilon$，市场需求期望 $y(p)$ 是关于零售价格 p 的递减函数。这两种需求形式的主要区别在于影响需求不确定性的方式不同，加型模式下的需求的方差与价格 p 无关，而乘型模式下的需求的方差则是关于价格 p 的函数。

其次，需求与销售努力水平（sales effort）相关。大多数学者在传统的供应链研究中指出，零售商的销售努力行为可以影响需求，例如，雇用更多的销售人员向顾客宣传、培训销售人员、增加广告投入、扩大营业面积、将产品摆放在醒目的货架上等。零售商的销售努力行为可以吸引顾客，增大产品的需求量，但销售努力行为的效果是不确定的，需求量可能波动很大。对于供应商而言，零售商选择越高的努力水平越好。但是所有努力活动都是需要成本的，如果仅由零售商承担努力所付出的成本，那么将选择对其最有利的努力水平，而该选择通常不会实现供应链协调。为了激励零售商提高努力水平，供应商必须补偿零售商所付出的努力成本。然而，零售商的部分销售努力是可以被供应商观测到的，例如是否在报纸上刊登了广告、是否雇用更多的销售人员。部分努力是不能被供应商观测到的，例如是否对每位到来的顾客都推销了供应商的产品。由于供应商不能确定零售商的销售努力所带来的费用，因此无法对零售商努力成本进行补偿。当考虑零售商的销售努力水平时，卡琼（Cachon，2003）指出，常见的契约，例如回购契约、收益共享契约，使得零售商的最优努力水平低于供应链的最优努力水平，而返利契约使得零售商的最优努力水平高于供应链的最优努力水平。此外，卡琼（2003）还设计了一种特殊的数量折扣契约，该契约能够使得供应商获得固定比例的预期销售收入，零售商承担努力所付出的成本，但保留所有实现的销售收入，从而使得零售商能够优化其努力水平，达到供应链协调。

第三种是随机的时间序列需求。此类需求中，需求是随机波动的，用 $D_t = d + \rho D_{t-1} + \varepsilon$ 表示，其中 d 是非负常数，ρ 是相关系数，ε 服从正态分布。当本期需求与前期相关时，可以得到一些更为典型的自回归移动平均需求模式。

第四种是模糊型需求的表示。因为顾客需求在一段时间内不是精确数值，所以可用模糊集合 D_t 来表示，即 $U_{D_t}(d_t)$，$d_t \in D_t$。这里 d_t 是间隔期 t 内可能的离散需求。固定年需求 D 表述为三角模糊数的形式：$\bar{D} = (D - \Delta d_1, D, D + \Delta d_2)$，其隶属函数为：

$$U_D(x) = \begin{cases} (x - D + \Delta d_1)/\Delta d_1, & D - \Delta d_1 \leq D \leq D + \Delta d_2 \\ (D + \Delta d_2 - x)/\Delta d_2, & D \leq x \leq D + \Delta d_2 \\ 0, & \text{其他} \end{cases}$$

不确定性需求函数常见于两类研究中：一是对牛鞭效应的研究，该研究主要探究需求不确定程度沿供应链逐层放大的原因和最优库存策略；二是对单周期产品或单阶段订货的需求不确定研究。由于单周期产品的特点在于生命周期较短，市场需求难以确定，因此在研究中通常考虑只有一次订货机会和一个销售周期的情况，其建模一般以报童模型为母版。

2. 随机需求下的供应链管理研究

随机需求供应链管理一直是供应链管理研究的热点。多年来，国内外对需求随机供应链管理的研究取得了丰硕成果。由于供应链是由供应商、制造商、分销商和零售商等相对独立的利益主体通过合作关系组成的功能网链结构，而各主体间的相互合作关系主要通过供应链契约（supply chain contract）体现。因此，基于供应链契约对需求随机供应链管理进行研究已成为近年来的研究趋势之一（Deshmukh & Farooqui, 2018; Govindan et al., 2013）。

供应链中最简单的契约是批发价格契约（wholesale price contract），但批发价格契约不能解决供应链各主体追求自身利益最大化所导致的双重边际效应（double marginalization）和供应链整体绩效的损失。因此，种类繁多的供应链契约被设计并应用于需求随机供应链管理以降低或消除双重边际效应，实现收益共享、风险分担，进而达到供应链协调、提高供应链整体绩效的效果。其中，被广泛关注的契约主要有：回购契约（buy back contract）、收益共享契约（revenue sharing contract）、数量折扣契约（quantity discount contract）、期权契约（option contract）等。陈和陈（Chan & Chan，2010）与戈文丹等（Govindan et al.，2013）详细阐述了基于供应链契约的需求随机供应链管理的相关研究。下面将分别针对本书涉及的相关契约的研究进行概述。

第一种是基于批发价格契约的协调。批发价格契约是供应商指定产品批发价格，零售商根据批发价格和市场需求，基于自身利润最大的原则确定订购量。虽然该契约在一般条件下不能实现供应链协调，但因其简单易行，管理方便，目前仍是供应链管理实践中运用最为广泛的一种契约。而基于批发价格契约的需求随机供应链管理研究也一直受到众多学者广泛关注，尤其是在订购（库存管理）、定价管理、订购（库存）和定价联合管理等方面产生了大量的研究成果。

第二种是回购契约的协调。回购契约是供应商以一定价格（通常低于批发价）购回期末零售商没有卖出去的部分或所有产品，以此激励下游零售商在期初增加订购量。最早研究回购契约的是帕斯特纳克（1985），其在研究一类易逝品的定价问题中指出，当回购价低于批发价或供应商仅回购零售商的部分剩余商品时，供应链可以达到协调。之后，大量学者对回购契约进行了研究，例如钟和埃尔汗（Chung & Erhun，2013）研究了同时提供新旧两种易逝品的供应链，给出了两级回购契约协调供应链的条件。徐等（Xu et al.，2018）考虑了零售商在价格和满足率上进行竞争的情形，探讨了易逝品的耐用性对单个制造商和多个零售商供应链系统基于回购契约协调策略的影响。吴（Wu，2013）在两寡头垄断制造商和单零售商系统中，分别研究了纵向整合（vertical integration）和制造商主导（manufac-turer - led）模式下回购契约对零售价、订购量和批发价格的影响，并指出两种竞争模式下回购契约均能提高供应链绩效。李等（Li et al.，2012）通过研究顾客退货时的商业对商业（business - to - business，B2B）供应链的最优定价和订购策略，设计一种回购契约来协调供应链。

第三种是数量折扣契约的协调。数量折扣契约是指供应商为激励零售商加大订购量，按照零售商订购数量多少对批发价进行折扣定价。在该契约中，供应商规定零售商在不同订幅范围内享有不同批发价，批发价不再固定，而是随零售商订购量的增加而降低。徐和赞（Xu & Zan，2009）基于数量折扣契约分别研究了对称与非对称信息下供应商的最优契约设计问题，指出数量折扣契约对供应商总是有利的。齐西斯等（Zissis et al.，2015）研究指出即使在信息不对称情况下，数量折扣契约也能协调制造商和零售商组成的两级供应链系统。卡琼和科克（Cachon & Kök，2010）比较研究了批发价格契约、数量折扣契约和两种定价契约在一个多制造商和单零售商供应链系统中的协调问题。李和杨（Lee & Yang，2013）在两供应商和单零售商系统中，比较研究了信息不对称下数量折扣契约和两种定价契约对供应链绩效的影响。

第四种是收益共享契约的协调。收益共享契约是指供应商以低于成本的批发价将商品卖给零售商，并要求零售商将销售收入的一定比例（事先约定）返还给供应商，以补偿低批发价带来的收益损失。1997 年，视频租赁企业 Blockbuster 公司与其供应商实施收益共享契约，并获得了巨大成功后，该契约迅速得到企业界和学术界的广泛关注。查克拉波蒂等（Chakraborty et al.，2015）同时在"两个制造商——单个零售商系统和单个制造商——两个零售商"系统中比较研究了不同市场结构下的收益共享契约与批发价格契约。江等（Jiang et al.，2014）探讨了"两个制造商——单个分销商——单个零售商"系统在收益共享契约下的协调问题。江等（2014）在允许缺货条件下给出了双渠道供应链的库存竞争与协调模型，研究指出，收益共享契约只能缓解渠道冲突，仅当其与库存成本分担策略组合时才能使得供应链协调。徐等（Xu et al.，2014）运用均值方差模型研究了双渠道供应链中决策者风险偏好对基于收益共享契约的供应链协调策略的影响。

2.4.3 产出和需求双边随机下的供应链管理研究

随着产出随机和需求随机对供应链管理带来的挑战越来越严峻，产出和需求双边随机供应链管理研究也逐渐引起了学者们的关注。居勒和凯斯基（Güler & Keski，2013）研究了随机产出和随机需求情况下单个供应商和单个零售商组成的供应链，比较经典的有批发价格契约、回购契约、收益共享契约、数量折扣契约、数量柔性契约对供应链协调的影响，结果表明产出的随机性不会改变契约的协调能力，但是会影响契约的结构和契约参数的取值。进一步通过文献分析发现，国内外对产出和需求双边随机供应链管理研究也主要集中于供应链契约的研究，受到关注的契约包括批发价格契约、缺货惩罚契约（shortage penalty contract）、剩余补偿契约（surplus subsidy contract）、收益共享契约、回购契约和期权契约等。胡等（Hu et al.，2013）与罗和陈（Luo & Chen，2016）等对基于供应链契约的产出和需求双边随机供应链管理相关研究进行了详细阐述。下面分别针对研究过程中涉及的相关契约的主要文献进行概述。

1. 批发价格契约

基于批发价格的产出和需求，双边随机供应链管理研究主要在订购（生产）管理与订货（生产）和定价联合管理方面等做了大量研究，下面分别对相关文献进行阐述。

订购（生产）管理方面，坎纳等（Khanra et al.，2014）在同时考虑加法产出模型和乘法产出模型的情况下，指出因德弗斯和克莱门斯（2014）的结论只在一定条件下成立。何和赵（He & Zhao，2012）考虑了单个产出随机供应商和单个需求随机零售商的两级简单供应链，分别基于无风险分担契约、缺货风险分担契约、生产过剩风险分担契约和混合风险分担契约，研究了供应商的最优生产投入策略和零售商的最优订购策略，并比较了各种产出风险分担机制对供应链各成员最优策略及利润的影响。李等（Li et al., 2012）将产出存在质量缺陷的供应商产品分为合格品和有缺陷品两类，分别基于经济批量模型和报童模型研究了零售商的订购批量问题。张和宋（Cheong & Song, 2013）研究了产出信息共享对零售商和供应商最优决策和利润的影响。房和首（Fang & Shou, 2015）考虑了供应链与供应链之间古诺竞争，假定每条链由单个零售商和单个排他性供应商构成，且两个供应商的产出均是随机的，研究了产出随机和竞争对最优订购决策的影响。

订购（生产）和定价联合管理方面，王东红（2014）研究了产出率和需求均为随机时再制造逆向物流系统中的回收和定价策略。张圣忠等（2020）研究了报童的订购和定价联合决策问题。假定零售商在供应商实际产出确定之后，需求确定之前进行零售价格决策，比较分析了动态定价策略和固定定价策略对报童利润的影响，并给出了运用动态定价策略的条件，结果表明，即使需求风险较低时动态定价策略也有助于增加整体绩效。卡扎兹和韦伯斯特（Kazaz & Webster, 2015）在产出和需求都随机情况下，研究了风险中性易逝品零售商面临风险规避供应商的订购决策和零售价决策问题。

2. 缺货惩罚与剩余补偿契约

缺货惩罚契约是零售商为防止供应商在生产过低导致其订购量难以得到保障时，要求对供应商供货不足进行惩罚。剩余补偿契约则是零售商为鼓励供应商增加生产投入，愿意对其生产过剩部分给予一定补偿。这两种契约通常被组合运用于研究产出和需求双边随机供应链的协调问题。例如，严和刘（Yan & Liu, 2009）在产出率为均匀分布和需求为幂函数分布下，分别研究了零售商占主导和供应商占主导的供应链协调问题。研究表明，当零售商占主导时，单一剩余补贴契约，缺货惩罚与剩余补贴组合契约都能使供应链达到协调，但后者不能使零售商获得整个供应链的利润。当供应商占主导时，缺货惩罚和剩余补偿组合契约不能协调供应链。彭红军等（2013）考虑了"两供应商——单制造商"系统，供应商的产出随机，研究了溢出库存惩罚下供应链的风险分担协同模型。研究指出，溢出库存惩罚下供应商与供应商、供应商与制造商之间存在纳什均衡，且在纳什均衡下供应链总利润小于供应链系统的最大利润。李等（Li et al.，2013）分别考虑了加法和乘法产出函数，在确定需求和随机需求下，研究了组装供应链在缺货惩罚与剩余补偿契约下的协调问题。

3. 收益共享契约

目前，许多学者研究了产出和需求双边随机供应链在收益共享契约下的协调问题。例如，李等（Li et al.，2013）指出在强迫服从契约条件下，收益共享契约能够协调一个由多个产出随机供应商和单个组装商的供应链系统。赵霞和吴方卫（2009）在产出和需求扰动服从均匀分布情形时，研究了单个生产商和单个零售商的生鲜农产品供应链在收益共享契约下的协调问题。凌六一等（2011）以我国"农超对接"模式为背景，提出了能使农户和超市在产出随机和需求随机下长期友好合作的收益共享协调方案。经有国等（2015）研究了制造商通过最小最大柔性策略向产出随机原材料供应商订购的供应链协调问题。研究指出，与单决策变量相比，最小最大双变量策略能有效提高供应链绩效，但需要与收益共享和订单惩罚—回馈的协调契约（order penalty and rebate，OPR）[①] 策略组合才能实现供应链协调。古普塔等（Gupta et al.，2020）研究了单个产出随机零部件供应商和单个最终产品制造商在收益共享契约下的协调问题。研究表明，在自愿服从契约情形下，传统单一收益共享契约已不能协调产出和需求双边随机的供应链，必须与剩余补偿契约组合才能实现供应链协调。

---

① 指制造商低于最小订购量受到惩罚，高于最大订购量得到回扣。

4. 回购契约

部分学者也基于回购契约研究了产出和需求双边随机供应链的协调问题，例如，陈建新等（2019）研究了单个产出随机原料供应商、单个产出确定制造商和单个面临需求随机零售商组成的三级供应链协调问题。研究表明，供应商和制造商之间采用批发价格契约，制造商和零售商之间采用回购契约能够协调整个供应链。此外，居勒（2015）研究了多个具有产出随机的零部件供应商和单个需求随机组装商的供应链协同问题。研究表明，组装商可以运用回购与惩罚组合契约来实现该组装供应链的协调。

⌈2.5⌉ 研究述评

通过对现有文献的归纳与分析，可以看出，很多学者在供应链协调管理及契约协调领域进行了深入研究，并且已经取得了丰富的研究成果，而且系统的供应链契约机制研究，完善的契约分类和应用研究，详细的契约协调机制设计研究，为本书研究物流服务供应链的协调奠定了基础。

虽然学者们的研究已经非常丰富，但仍存在以下几点需要完善之处。

第一，大多数文献的研究还是针对管理领域中的传统行业，未向社会其他行业延展，研究结果缺乏广度。在现实社会中，每种行业以及每种产品都有自身的特点，所以对特定领域进行特定的研究相对较少，如物流服务行业，物流服务能力具有无形性、不可储存性等特点，是一种同时产生于生产、销售和消费三个环节中的即时服务，因此，相关研究也应不同于传统的产品供应链问题，如本书就向有别于传统制造业领域的农业物流、农产品流通领域进行拓展。

第二，物流服务供应链是服务供应链的一个重要分支，它是以物流能力合作为核心的供应链，国内外学者虽然对物流服务供应链进行了一定程度的探讨，但研究尚在定性层面，缺乏对物流服务供应链的形成机理、发展现状以及一般体系结构的深入研究。此外，目前物流服务供应链能力合作的协调问题研究尚未得到系统的探讨，相关的研究主要集中于物流资源整合和物流联盟，尚未涉及从最早的功能型服务提供商到最后的集成商能力合作链的研究。因此，基于物流能力合作协调的重要性，借鉴已有的供应链协调的方法，结合物流服务供应链能力合作的特点，深入研究农产品物流服务供应链的能力合作协调具有更深刻的意义。

第三，在物流服务供应链相关的研究方法方面，目前针对物流服务供应链的研究主要采用定性分析，例如，对物流服务供应链的企业构成、风险分析与测度以及各类评价指标体系设计中主要采用定性的规范分析方法。此外，在量化研究方法上主要采用均衡分析及数值计算分析方法。例如，对物流服务供应链企业间关系管理及演化规律的研究（如协调契约、任务分配、协同机理等问题）主要运用博弈论（包括"委托—代理"理论、演化博弈论）和系统学（包括协同理论）等理论，并运用算例进行试算或仿真分析。虽然量化研究具有坚实的理论基础、严谨的逻辑过程，但由于假设条件通常过于严苛，导致结论的可靠性难以得到保证。因此，急需进一步对物流服务供应链运作过程进行深入研究，尤其是对探寻现实中的经验数据进行实证研究分析，以便获得对物流服务供应链管理的经验性认知。

综上所述，本书将在传统供应链契约的基础上，分别针对农产品物流服务能力随机产出、农产品物流服务能力随机需求、产出和需求同时随机下的农产品物流服务供应链上物流服务能力协调的主要过程和策略进行详细研究。

第 3 章

考虑随机产出下的
农产品物流服务供应链协调

农产品物流对农产品的新鲜度、体量等方面都有较高的要求，农产品只有损耗率最低、周转率最高、到达客户手中准时，才能获得较高的劳动报酬。同时农产品本身的价格会受到国家层面的政策调整，也会由于行业竞争，价格波动较大。因此，农产品物流运输当前仍具有较大的风险性和不可控性。如：穆恩等（Moon et al.，2018）考虑到生鲜农产品长距离运输会导致实体与价值损耗且需求受到销售价格与产品新鲜度两个因素的影响，将第三方物流服务商纳入供应链系统之中，研究了产出确定下三级生鲜农产品供应链成员企业的决策与协调问题。引入批发价格出清契约和批发价格折扣契约，通过消除供应链成员竞争导致的双重边际效应来实现供应链协调。张旭和张庆（2017）在考虑零售商通过保鲜技术对生鲜农产品的实体损耗和价值损耗进行控制且存在公平关切行为、供应商负责物流配送的生鲜农产品供应链的协调问题时发现，当契约参数在特定范围时，保鲜成本分担、风险补偿与收益共享组合契约能够实现供应链的协调与帕累托改进。冯颖等（2014）在生产商主导、零售商承担物流服务成本的两级供应链中，建立了物流服务水平影响产品供给率与产品新鲜度的斯坦伯格博弈模型，研究表明可以将利益共享契约与成本共担契约进行组合以达到供应链协调的目标。随后，冯颖等（2020）考虑到生鲜农产品随机产出和价值损耗的特性，分别构建了离岸价格和到岸价格两种商务式下的分散决策博弈模型，证明了两种模式下的博弈均衡解均存在且唯一，同时现系统取得内点均衡时，生产商的物流服务水平均与物流服务成本弹性函数和新鲜度水平弹性函数的比值相关。

在现有研究中，大多数学者假设上游农产品物流服务功能提供商的物流服务能力能够完全满足下游农产品物流服务集成商的采购需求，但事实上农产品物流服务功能提供商根据农产品物流服务集成商的采购数量在投资储备物流服务能力时，通常不仅具有一定的时间延迟，其物流服务能力的产出数量也具有一定的不确定性。本书在长期关于农产品物流服务供应链研究成果累积的基础上，考虑了农产品物流服务功能提供商的物流服务能力产出的不确定性，引入了农产品物流服务功能提供商的随机投入产出函数，在批发价格契约模型的基础上，进一步研究了农产品物流服务功能提供商物流服务能力产出过剩和不足时，农产品物流服务功能提供商和农产品物流服务集成商之间关于物流服务能力盈余下的风险共担模型。

3.1 概述

3.1.1 问题描述

考虑由一个农产品物流服务集成商和一个农产品所示物流服务功能提供商组成的单周期二级农产品物流服务供应链系统，如图 3 – 1 所示。农产品物流服务集成商根据顾客需求向农产品物流服务功能提供商采购 Y 单位的物流服务能力，农产品物流服务功能提供商根据农产品物流服务集成商的采购数量 Y 来决定自身的物流服务能力投资储备（调配或生产）数量 Q，如果不存在随机产出风险，只需 $Q \geq Y$，即可满足订单需求。但在实际环境中，由于受天气或自然突发事件、不可抗力发生，政策调整、生产调配能力等因素影响，以及同行业竞争者所提供物流服务能力的不确定性，通常会导致农产品物流服务功能提供商关于物流服务能力产出数量的不确定性，即存在一定的随机风险，假设农产品物流服务功能提供商实际能够提供的农产品物流服务能力为 zQ，在接到农产品物流服务集成商的采购订单后，后续由农产品物流服务功能提供商直接向顾客提供仓储、运输、配送、包装等物流服务能力。

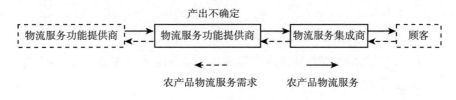

图 3-1 产出随机下的农产品物流服务供应链

为了分析随机产出下农产品物流服务功能提供商、农产品物流服务集成商和农产品物流服务供应链的整体收益情况，假设顾客物流服务需求 D 为常量，研究假设如下。

假设 3-1：农产品物流服务集成商只能向农产品物流服务功能提供商采购物流服务能力，本身不具备生产和调配物流服务的能力。

假设 3-2：在农产品物流服务集成商关于物流服务能力采购订单完成以后，农产品物流服务功能提供商可直接向顾客提供物流服务。

假设 3-3：物流服务能力的投资储备（调配或者生产）需要一定的时间周期，因此，农产品物流服务集成商完成物流服务能力采购以后，农产品物流服务功能提供商向顾客提供物流服务能力时会存在一定的时间延迟。

假设 3-4：根据农产品物流服务集成商的采购数量 Y，农产品物流服务功能提供商可以任意选择自己的物流服务能力投资储备（调配或者生产）数量 Q。

假设 3-5：由于农产品物流服务功能提供商投资储备（调配或者生产）物流服务能力的过程中会存在一些不确定性因素，因此，假定农产品物流服务功能提供商实际提供的物流服务能力数量是关于投资储备数量 Q

的随机函数，即假设农产品物流服务功能提供商关于物流服务能力的随机产出为 zQ，其中 z 是与投资储备量 Q 无关的非负连续随机变量。

假设3-6：假定顾客物流服务能力需求量 D 为外生常量。

假设3-7：销售期结束，假定农产品物流服务功能提供商剩余物流服务能力的残值为0，即产出的超出农产品物流服务集成商采购数量的物流服务能力不产生收益。

符号说明：

D：农产品物流服务集成商面临的顾客物流服务需求。

Y：农产品物流服务集成商根据顾客需求向农产品物流服务功能提供商采购的物流服务能力数量。

w：农产品物流服务功能提供商向农产品物流服务集成商提供的单位物流服务能力批发价格。

Q：农产品物流服务功能提供商根据农产品物流服务集成商的采购数量 Y 所确定的物流服务能力投资储备（调配或生产）数量。

c：农产品物流服务功能提供商单位物流服务能力的投资成本。

z：农产品物流服务功能提供商关于物流服务能力的随机产出因子，$z \in [0,1]$，均值为 μ_z，密度函数为 $\varphi(z)$，分布函数为 $\Phi(z)$。

zQ：农产品物流服务功能提供商根据投资储备量得到的关于物流服务能力的产出数量，是物流服务能力投资储备数量的随机函数。

p：农产品物流服务集成商向顾客销售的单位物流服务能力价格，为保证农产品物流服务供应链的整体盈利能力，$p > c/\mu_z$。

3.1.2 基本模型

当农产品物流服务功能提供商根据正常生产随机获得物流服务能力数量 zQ 之后，为顾客提供物流服务时，假定农产品物流服务功能提供商不再从其他农产品物流服务功能提供商处调配或者生产物流服务能力。本章以农产品物流服务供应链在集中决策下的情景为研究的基本模型（basic model），并将批发价格契约、物流服务能力盈余下农产品物流服务功能提供商和农产品物流服务集成商在风险共担时建立的模型进行对比分析。此外，本书假定，如果某种契约形式下，农产品物流服务供应链整体收益与集中决策下农产品物流服务供应链整体收益相一致，那么称该形势下可以实现农产品物流服务供应链协调。

农产品物流服务供应链集中决策下的求解过程如下。

当农产品物流服务供应链处于集中决策（centralized decision）时，农产品物流服务功能提供商选择一个合适的物流服务能力投资储备数量以便最大化农产品物流服务供应链整体期望利润。实际运作过程中，农产品物流服务供应链的整体期望销售量为：

$$E\big[\min(zQ^{BC},D)\big] = \int_0^{D/Q^{BC}} zQ^{BC}\varphi(z)\,\mathrm{d}z + \int_{D/Q^{BC}}^1 D\varphi(z)\,\mathrm{d}z$$

此时，农产品物流服务供应链的整体利润为：

$$\begin{aligned}
\pi^{BC}(Q^{BC}) &= pE\big[\min(zQ^{BC},D)\big] - cQ^{BC} \\
&= p\Big[\int_0^{D/Q^{BC}} zQ^{BC}\varphi(z)\,\mathrm{d}z + \int_{D/Q^{BC}}^1 D\varphi(z)\,\mathrm{d}z\Big] - cQ^{BC} \quad (3.1)
\end{aligned}$$

式（3.1）中，对 Q^{BC} 分别求一阶导数和二阶导数，得到：

$$\frac{\partial \pi(Q^{BC})}{\partial Q^{BC}} = p\int_0^{D/Q^{BC}} z\varphi(z)\,\mathrm{d}z - c$$

$$\frac{\partial^2 \pi(Q^{BC})}{\partial^2 Q^{BC}} = -p\frac{D^2}{(Q^{BC})^3}\varphi\Big(\frac{D}{Q^{BC}}\Big)$$

由 $\frac{\partial^2 \pi(Q^{BC})}{\partial^2 Q^{BC}} < 0$ 知，农产品物流服务供应链在集中决策下的收益 π^{BC} 是关于农产品物流服务功能提供商物流服务能力投资储备数量 Q^{BC} 的凹函数，且在有限闭区间内存在最大值。因此，令一阶导数等于 0，即 $\frac{\partial \pi(Q^{BC})}{\partial Q^{BC}} = 0$，得到集中决策下农产品物流服务功能提供商关于物流服务能力最优投资储备数量 Q^{BC*}，即：

$$\int_0^{D/Q^{BC}} z\varphi(z)\,\mathrm{d}z = \frac{c}{p} \quad (3.2)$$

由式（3.2）可知，集中决策下，农产品物流服务功能提供商关于物流能力最优投资储备数量 Q^{BC*} 不仅受到顾客需求 D、投资成本 c 和物流服务能力零售价格 p 的影响，还受到物流服务能力产出因子 z 的影响。因此，在物流服务能力产出随机性的情况下，为补偿物流服务能力产量损失，保证物流服务能力过度生产造成的投资成本和生产不足引起的收入损失之间的平衡，引入需求—投资储备系数 K^{BC}，令：

$$Q^{BC*} = K^{BC*} D \tag{3.3}$$

由于 $0 < \dfrac{c}{p} < \mu_z$，所以 $K^{BC*} > 1$，且 K^{BC*} 满足关系式（3.4）：

$$\int_0^{1/K^{BC}} z\varphi(z)\,\mathrm{d}z = \frac{c}{p} \tag{3.4}$$

由式（3.4）可知，K^{BC*} 和 $\dfrac{c}{p}$ 之间具有相互依存关系。当 $K^{BC*} > 1$ 时，二者之间的关系如图 3-2 所示。

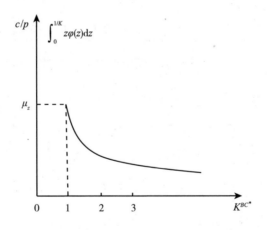

图 3-2　系数 K^{BC*} 和 c/p 之间的关系

将农产品物流服务功能提供商确定的物流服务能力最优投资储备数量 Q^{BC*} 满足的关系式（3.2）代入式（3.1），得到农产品物流服务供应链的整体收益，即：

$$\pi^{BC*} = \pi(Q^{BC*}) = p\left[1 - \Phi(1/K^{BC*})\right] D \tag{3.5}$$

随机产出下基于批发价格契约的农产品物流服务
供应链协调

关于农产品物流服务供应链的契约协调问题，主要是在农产品物流服务功能提供商和农产品物流服务集成商各自独立的分散决策下进行的。先由农产品物流服务集成商向农产品物流服务功能提供商确定所购买服务的数量，农产品物流服务功能提供商再根据农产品物流服务集成商的采购数量确定物流服务能力投资储备数量，并根据产出因子尽可能地满足农产品物流服务集成商的需求。在该决策过程中，农产品物流服务集成商为主导者，农产品物流服务功能提供商为跟随者，即农产品物流服务集成商根据农产品物流服务功能提供商的反应做出最优决策，二者之间形成一个斯塔克尔伯格博弈的过程。

在批发价格契约（wholesale price contract）下，农产品物流服务功能提供商和农产品物流服务集成商之间信息完全对称，农产品物流服务集成商向农产品物流服务功能提供商采购的物流服务数量为 Y，农产品物流服务功能提供商向农产品物流服务集成商提供的批发价格为 w，二者之间不存在其他的交易情形。

3.2.1 农产品物流服务功能提供商最优投资储备决策模型

农产品物流服务功能提供商的收益函数为：

$$\pi_F^W(Q_F \mid Y) = wE[\min(zQ_F, Y)] - cQ_F$$

$$= w\Big[\int_0^{Y/Q_F} zQ_F\varphi(z)\mathrm{d}z + \int_{Y/Q_F}^1 Y\varphi(z)\mathrm{d}z\Big] - cQ_F \qquad (3.6)$$

式（3.6）中，农产品物流服务功能提供商的收益主要由向农产品物流服务集成商的销售收益和投资储备成本两部分组成，对 Q_F 分别求一阶导数和二阶导数，给出批发价格契约下农产品物流服务功能提供商关于物流服务能力的最优投资储备数量 Q_F^{W*}，即：

$$\int_0^{Y/Q_F} z\varphi(z)\,\mathrm{d}z = \frac{c}{w} \tag{3.7}$$

与前文基本模型中的求解方法相同，式（3.7）中农产品物流服务功能提供商关于物流服务最优投资储备数量 Q_F^{W*} 是农产品物流服务集成商物流服务能力采购数量 Y 的函数，引入系数 K_F^W，令：

$$Q_F^{W*} = YK_F^{W*} \tag{3.8}$$

由于 $w > \dfrac{c}{\mu_z}$，所以 $K_F^{W*} > 1$，且 K_F^{W*} 满足关系式（3.9）：

$$\int_0^{1/K_F^W} z\varphi(z)\,\mathrm{d}z = \frac{c}{w} \tag{3.9}$$

此时，将物流服务能力的最优投资储备数量代入式（3.6），得到农产品物流服务功能提供商的收益为：

$$\pi_F^{W*} = \pi\left(Q_F^{W*} \mid Y\right) = w\left[1 - \Phi(1/K_F^{W*})\right]Y \tag{3.10}$$

对比式（3.4）和式（3.9）可以发现，由于 $p > w$，所以 $K_F^{W*} < K^{BC*}$。而当 $p \leqslant w$ 时，$\pi_F^W(Q_F \mid Y) = 0$ 且 $K_F^W = 0$，此时，农产品物流服务集成商不存在任何收益，也不会向农产品物流服务功能提供商采购物流服务能力。

3.2.2 农产品物流服务集成商最优采购决策模型

对于农产品物流服务集成商来说，因为农产品物流服务功能提供商提供的物流服务能力数量 $\min(zQ_F, Y)$ 具有不确定性，所以农产品物流服务集成商收益具有随机性。随机产出的批发价格契约下，农产品物流服务集成商的收益函数为：

$$\pi_I^W = pE\left[\min(zQ_F^W, Y, D)\right] - wE\left[\min(zQ_F^W, Y, D)\right] \tag{3.11}$$

由式（3.11）可以看出，农产品物流服务集成商的收益函数取决于采购数量 Y 和顾客需求量 D，而实际采购数量是不确定的，因此，可以分 $Y > D$ 和 $Y \leqslant D$ 这两种情况进行讨论。

1. 第一种情形：Y > D

该情形下，农产品物流服务集成商的采购数量大于顾客需求量，此时，农产品物流服务集成商的收益由顾客需求数量 D 来决定，其收益函数为：

$$\pi_I^W(Y \mid Q_F^W) = pE[\min(zQ_F^W, Y, D)] - wE[\min(zQ_F^W, Y)]$$

$$= p\Big[\int_0^{D/Q_F^W} zQ_F^W \varphi(z)\,\mathrm{d}z + \int_{D/Q_F^W}^1 D\varphi(z)\,\mathrm{d}z\Big]$$

$$- w\Big[\int_0^{Y/Q_F^W} zQ_F^W \varphi(z)\,\mathrm{d}z + \int_{Y/Q_F^W}^1 Y\varphi(z)\,\mathrm{d}z\Big] \tag{3.12}$$

将农产品物流服务功能提供商的最优投资储备量，即将式（3.8）代入式（3.12），则农产品物流服务集成商的收益函数转化为：

$$\pi_I^W(Y \mid Q_F^W) = p\Big[\int_0^{D/(YK_F^{W*})} (zYK_F^{W*} - D)\varphi(z)\,\mathrm{d}z + D\Big]$$

$$- w\Big[\int_0^{1/K_F^{W*}} (zYK_F^{W*} - Y)\varphi(z)\,\mathrm{d}z + Y\Big] \tag{3.13}$$

式（3.13）中，分别对物流服务能力采购数量 Y 求一阶导数和二阶导数，得：

$$\frac{\partial \pi_I^W(Y \mid Q_F^W)}{\partial Y} = pK_F^{W*} \int_0^{D/(YK_F^{W*})} z\varphi(z)\,\mathrm{d}z - w\Big[K_F^{W*} \int_0^{1/K_F^{W*}} z\varphi(z)\,\mathrm{d}z$$

$$- \Phi(1/K_F^{W*}) + 1\Big] \tag{3.14}$$

$$\frac{\partial^2 \pi_I^W(Y \mid Q_F^W)}{\partial^2 Y} = -p\frac{D^2}{(K_F^{W*})^2 Y^3}\varphi\Big(\frac{D}{K_F^{W*} Y}\Big) \tag{3.15}$$

由于 $\dfrac{\partial^2 \pi_I^W(Y \mid Q_F^W)}{\partial^2 Y} < 0$，因此，农产品物流服务集成商的采购量 Y 存在最优解，令 $\dfrac{\partial \pi_I^W(Y \mid Q_F^W)}{\partial Y} = 0$，得批发价格契约下，农产品物流服务集成商

的最优采购数量 Y^{W^*} 满足以下关系式：

$$\int_0^{D/(YK_F^{W^*})} z\varphi(z)\,\mathrm{d}z = \frac{c}{p} + \frac{w}{p} \frac{1 - \Phi(1/K_F^{W^*})}{K_F^{W^*}} \tag{3.16}$$

同理，令：

$$Y_{(1)}^{W^*} = K_I^{W^*} \frac{D}{K_F^{W^*}} \tag{3.17}$$

式（3.17）中，$0 < K_I^{W^*} < K^{BC^*}$，且当 $K_I^{W^*} > K_F^{W^*}$ 时，$K_I^{W^*}$ 满足关系式（3.18）：

$$\int_0^{1/K_I} z\varphi(z)\,\mathrm{d}z = \frac{c}{p} + \frac{w}{p} \frac{1 - \Phi(1/K_F^{W^*})}{K_F^{W^*}} \tag{3.18}$$

2. 第二种情形：Y≤D

该情形下，农产品物流服务集成商的采购数量小于或者等于顾客需求量，此时，农产品物流服务集成商的收益取决于采购数量 Y，其收益函数为：

$$\pi_I^W(Y|Q_F^W) = pE[\min(zQ_F^W, Y)] - wE[\min(zQ_F^W, Y)] \tag{3.19}$$

将 $Q_F^{W^*} = YK_F^{W^*}$ 代入式（3.19）得：

$$\pi_I^W(Y \mid Q_F^W) = (p - w)\left[\int_0^{1/K_F^{W^*}}(zK_F^{W^*}Y - Y)\varphi(z)\,\mathrm{d}z + Y\right] \tag{3.20}$$

式（3.20）对物流服务能力采购数量 Y 求一阶导数，得：

$$\frac{\partial \pi_I^W(Y|Q_F^W)}{\partial Y} = (p - w)\left[\frac{c}{w}K_F^{W^*} + 1 - \Phi(1/K_F^{W^*})\right] \tag{3.21}$$

由于 $p > w$，因此 $\dfrac{\partial \pi_I^W(Y|Q_F^W)}{\partial Y} > 0$，由拉格朗日函数定理可知，农产品物流服务集成商的收益函数是关于最优采购数量 Y 的增函数。此时，农产品物流服务集成商为最大限度地满足顾客物流服务需求，向农产品物流服务功能提供商采购的最优物流服务能力数量 Y 尽可能等于顾客物流服务需求量 D。

综合以上两种情形，得出批发价格契约下，农产品物流服务集成商向农产品物流服务功能提供商采购的最优物流服务能力数量为：

$$Y^{W^*} = \begin{cases} \dfrac{K_I^{W^*}}{K_F^{W^*}}D, & K_I^{W^*} > K_F^{W^*} \\ D, & K_I^{W^*} \leqslant K_F^{W^*} \end{cases} \tag{3.22}$$

农产品物流服务集成商的最优收益为：

$$\pi_I^W(Y^{W^*} \mid Q_F^{W^*}) = \begin{cases} p\big[1 - \Phi(1/K_F^{W^*})\big]D, & K_I^{W^*} > K_F^{W^*} \\ (p-w)\Big[\dfrac{c}{w}K_F^{W^*} + 1 - \Phi(1/K_F^{W^*})\Big]D, & K_I^{W^*} \leqslant K_F^{W^*} \end{cases}$$

$$\tag{3.23}$$

3.2.3　批发价格契约下农产品物流服务供应链最优决策模型

依据农产品物流服务功能提供商和农产品物流服务集成商的最优决策行为（式（3.8）和式（3.22）），可以得出批发价格契约下，农产品物流服务功能提供商和农产品物流服务集成商分散决策下农产品物流服务供应链关于物流服务能力投资储备数量的最优决策为：

$$Q^W(Y^{W^*}) = \begin{cases} K_I^{W^*}D, & K_I^{W^*} > K_F^{W^*} \\ K_F^{W^*}D, & K_I^{W^*} \leqslant K_F^{W^*} \end{cases} \tag{3.24}$$

由于 $K_F^{W^*} < K^{BC^*}$ 且 $K_I^{W^*} < K^{BC^*}$，当 $p > w > \dfrac{c}{\mu_z}$ 时，$Q^W(Y^{W^*}) < Q^{BC^*}$。这表明，在批发价格契约下，当农产品物流服务集成商农产品物流服务供应链成员分散决策时，农产品物流服务功能提供商最优投资储备数量 Q^W 始终小于集中决策下的投资储备数量 Q^{BC}，批发价格契约通常导致农产品物流服务功能提供商关于物流服务能力投资储备数量不足，从而不能满足顾客物流服务需求。因此，该契约不能实现农产品物流服务供应链的协调。该情形一般称之为双重边际效应，即农产品物流服务供应链各成员为保持

自身收益的最大化，在向对方销售物流服务能力时，通常会考虑自身的成本补偿，从而导致农产品物流服务功能提供商会从自身的角度过度低估农产品物流服务集成商的采购数量，而此时农产品物流服务集成商并没有根据顾客需求提高采购数量。

另外，当 $Q^W(Y^{W*}) = Q^{BC*}$ 时，还存在以下两种极端情形：

（1）若 $w = \dfrac{c}{\mu_z}$，由式（3.9）和式（3.19）得到 $K_F^{W*} = 1$，$K_I^{W*} = K^{BC*}$，此时农产品物流服务功能提供商的收益为 0，且不能满足农产品物流服务功能提供商的参与约束；

（2）若 $w = p$，得到 $K_F^{W*} = K^{BC*}$，$K_I^{W*} < K_F^{W*}$，此时农产品物流服务集成商收益为零，不能满足零售的参与约束。因此，农产品物流服务集成商作为农产品物流服务供应链的领导者，需要制定合适的激励机制促使农产品物流服务供应链各成员能够作出最优决策，实现双方利润的帕累托改进。

综上所述，结合农产品物流服务功能提供商收益式（3.10）和农产品物流服务集成商收益式（3.23），得到农产品物流服务供应链的整体收益函数为：

$$\pi^W = \begin{cases} w\dfrac{K_I^{W*}}{K_F^{W*}}\left[\,1 - \Phi(1/K_F^{W*})\,\right] + p\left[\,1 - \Phi(1/K_I^{W*})\,\right]D, & K_I^{W*} > K_F^{W*} \\[3mm] (p - w)\dfrac{c}{w}K_F^{W*} + p\left[\,1 - \Phi(1/K_F^{W*})\,\right]D, & K_I^{W*} \leqslant K_F^{W*} \end{cases}$$

$$(3.25)$$

当 $p > w > \dfrac{c}{\mu_z}$ 时，由式（3.25）可知，批发价格契约分散决策下，农产品物流服务供应链收益始终小于集中决策下农产品物流服务供应链的收益，因此，批发价格契约并不能实现农产品物流服务供应链的协调，从而得出结论：在农产品物流服务功能提供商关于物流服务能力随机产出情况下，批发价格契约不能实现农产品物流服务供应链协调。

3.3 物流服务能力盈余下基于风险共担契约的农产品 LSSC 协调

当农产品物流服务功能提供商物流服务能力产出不确定时，基于卡琼 （2003）设计的关于供应链协调采用的回购契约思想，本节提出采用能力 盈余风险共担契约（over-production risk sharing contract）实现农产品物流 服务供应链协调。在该契约下，农产品物流服务集成商承担了农产品物流 服务功能提供商的部分风险，鼓励农产品物流服务功能提供商提供更多数 量的物流服务能力。并且当农产品物流服务功能提供商提供的物流服务能 力数量没有达到农产品物流服务集成商的订购需求时，农产品物流服务集 成商作为农产品物流服务供应链的领导者，可以给农产品物流服务功能提 供商施加一定的压力，给予一定的惩罚。

农产品物流服务功能提供商和农产品物流服务集成商之间的过量生产 风险共担契约决策如下：农产品物流服务功能提供商关于物流服务能力产 出随机，当农产品物流服务功能提供商实际提供的物流服务能力超出顾客 市场需求时，农产品物流服务集成商将以低于期望边际成本 $\left(\dfrac{c}{\mu_z}\right)$ 的价格 （w_0）购买超出顾客市场需求的物流服务能力，即 $w_0 < \dfrac{c}{\mu_z} < w$，从而鼓励 农产品物流服务功能提供商确定更高的物流服务能力投资储备数量，提高 实际所能提供的物流服务能力数量。

3.3.1 农产品物流服务功能提供商最优投资储备决策模型

在能力盈余风险共担契约下，农产品物流服务功能提供商的收益比批 发价格契约下多了一部分由农产品物流服务集成商对过量产出所给予的价 格补偿，此时，农产品物流服务功能提供商的收益函数为：

$$\pi_F^O(Q_F^O \mid Y) = wE[\min(zQ_F^O, Y)] + w_0[\max(zQ_F^O - Y, 0)] - cQ_F^O$$

$$= w\left[\int_0^{Y/Q_F^O} zQ_F^O\varphi(z)\,\mathrm{d}z + \int_{Y/Q_F^O}^1 Y\varphi(z)\,\mathrm{d}z\right]$$

$$+ w_0\int_{Y/Q_F^O}^1 (zQ_F^O - Y)\varphi(z)\,\mathrm{d}z - cQ_F^O \qquad (3.26)$$

式（3.26）中，农产品物流服务功能提供商的收益主要由物流服务能力销售收益、农产品物流服务集成商给予的补偿收益和投资储备成本三部分组成，对农产品物流服务功能提供商的投资储备数量 Q_F^O 求一阶导数：

$$\frac{\partial \pi_F^O(Q_F^O \mid Y)}{\partial Q_F} = (w - w_0)\int_0^{Y/Q_F^O} z\varphi(z)\,\mathrm{d}z + w_0\mu_z - c$$

由此可以得出能力盈余风险共担契约下农产品物流服务功能提供商的最优物流服务能力投资储备数量 Q_F^{O*}，且满足以下关系式：

$$\int_0^{Y/Q_F^O} z\varphi(z)\,\mathrm{d}z = \frac{c - w_0\mu_z}{w - w_0} \qquad (3.27)$$

同样定义 $Q_F^O = YK_F^O (K_F^O > 1)$，且满足等式：

$$\int_0^{1/K_F} z\varphi(z)\,\mathrm{d}z = \frac{c - w_0\mu_z}{w - w_0} \qquad (3.28)$$

将 $Q_F^O = YK_F^O$ 和式（3.28）代入式（3.26），得到能力盈余风险共担契约下农产品物流服务功能提供商的最优收益为：

$$\pi_F^O = (w - w_0)\left[1 - \Phi\left(\frac{1}{K_F^O}\right)\right]Y \qquad (3.29)$$

3.3.2 农产品物流服务集成商最优采购决策模型

过量生产风险共担契约下，由于农产品物流服务集成商对功能商过量的物流服务能力会给予补偿，此时，农产品物流服务集成商收益函数为：

$$\pi_I^O(Y \mid Q_F^O) = pE[\min(zQ_F^O, Y, D)] - wE[\min(zQ_F^O, Y)] - w_0[\max(zQ_F^O - Y, 0)]$$

$$(3.30)$$

式（3.30）中，农产品物流服务集成商收益主要包括物流服务能力销售收益、采购成本和给予农产品物流服务功能提供商的价格补偿三部分。因此，农产品物流服务集成商的收益函数依赖于采购数量 Y 和顾客物流服务需求量 D，而采购数量是不确定的，因此，可以分 $Y > D$ 和 $Y \leqslant D$ 这两种情况进行讨论。

1. 第一种情形：$Y > D$

该情形下，农产品物流服务集成商采购数量大于顾客需求量，此时，集成商的收益取决于顾客物流服务的需求数量 D，其收益函数为：

$$\pi_I^O(Y \mid Q_F^O) = p\Big[\int_0^{D/(YK_F^O)} (zYK_F^O - D)\varphi(z)\,\mathrm{d}z + D\Big]$$
$$- w\Big[\int_0^{1/K_F^O} (zYK_F^O - Y)\varphi(z)\,\mathrm{d}z + Y\Big]$$
$$- w_0 \int_{1/K_F^O}^1 (zYK_F^O - Y)\varphi(z)\,\mathrm{d}z \qquad (3.31)$$

式（3.31）对物流服务能力采购数量 Y 求一阶导数，得到：

$$\frac{\partial \pi_I^O(Y \mid Q_F^O)}{\partial Y} = pK_F^O \int_0^{D/(YK_F^O)} z\varphi(z)\,\mathrm{d}z - w_0\mu_z K_F^O$$
$$- (w - w_0)\Big\{ \Big[1 - \Phi\Big(\frac{1}{K_F^O}\Big)\Big] + K_F^O \int_0^{1/K_F^O} z\varphi(z)\,\mathrm{d}z + D\Big\}$$

同样，定义：

$$Y_{(1)}^{O*} = K_I^O \frac{D}{K_F^O}, \ (1 < K_I^O < K^{BC*}) \qquad (3.32)$$

且 K_I^O 满足以下关系式：

$$\int_0^{1/K_I} z\varphi(z)\,\mathrm{d}z = \frac{c}{p} + \frac{w - w_0}{p} \frac{1 - \Phi\Big(\dfrac{1}{K_F^O}\Big)}{K_F^O} \qquad (3.33)$$

由式（3.33）可知，当 $w = w_0$ 时，得到 $K_F^O = K_F^W$，$K_I^O = K_I^W$，即此时为批发价格契约分散化决策时的模型。

2. 第二种情形：$Y \leqslant D$

该情形下，农产品物流服务集成商的采购数量小于或者等于顾客需求量，农产品物流服务集成商的收益依赖于其物流服务能力采购数量 Y，其收益函数为：

$$\pi_I^O(Y \mid Q_F^O) = (p - w)\Big[\int_0^{1/K_F^O}(zYK_F^O - D)\varphi(z)\mathrm{d}z + Y\Big]$$

$$- w_0\int_{1/K_F^O}^1(zYK_F^O - Y)\varphi(z)\mathrm{d}z \qquad (3.34)$$

式（3.34）对物流服务能力采购数量 Y 求一阶导数，得：

$$\frac{\partial \pi_I^O(Y \mid Q_F^O)}{\partial Y} = \Big[\frac{p(c - w_0\mu_z)}{w - w_0} - c\Big]K_F^O + (p - w + w_0)\Big[1 - \Phi\Big(\frac{1}{K_F^O}\Big)\Big],$$

$$\frac{\partial \pi_I^O(Y \mid Q_F^O)}{\partial Y} > 0 \qquad (3.35)$$

由式（3.35）可知，此时农产品物流服务集成商的收益是关于物流服务能力采购数量 Y 的单调递增函数，当农产品物流服务集成商收益最大时，农产品物流服务集成商的最优采购量等于顾客物流服务需求量，即

$$Y_{(2)}^{O*} = D, p(c - w_0\mu_z) \geq c(w - w_0) \qquad (3.36)$$

3.3.3　能力盈余风险共担契约下农产品物流服务供应链决策分析

根据 3.3.1 节和 3.3.2 节的讨论，以下针对 $Y > D$ 和 $Y \leq D$ 两种情形分别讨论农产品物流服务功能提供商产出超过物流服务能力时，风险共担契约的农产品物流服务供应链决策。

1. 第一种情形：$Y > D$

命题 3-1： 当农产品物流服务集成商物流服务能力采购数量大于顾客物流服务能力需求量时，即 $Y > D$ 时，能力盈余风险共担契约不能实现农产品物流服务供应链的最优协调。

证明：

由前述分析可知，当 $Y > D$ 时，农产品物流服务功能提供商的物流服

务能力最优产出量为：

$$Q_F^O(Y^O) = Y^O K_F^O = DK_I^O, \text{且 } K_I^O > K_F^O$$

因此，当 $K_I^O = K^{BC*}$ 时，农产品物流服务供应链可以实现最优协调。

而由式（3.33）和式（3.4）可知，$K_I^O = K^{BC*}$ 时，以下关系式成立：

$$(w - w_0) \left[1 - \Phi\left(\frac{1}{K_F^O}\right) \right] = 0, \text{且 } w = w_0 = \frac{c}{\mu_z}$$

此时，得 $K_I^O = K_B^{C*}$，$K_B^{C*} > K_F^O$，$K_F^O = 1$。即 $K_I^O = K_B^{C*}$，$K_B^{C*} > K_F^O$，$K_F^O = 1$ 时，在 $Y > D$，且农产品物流服务功能提供商过量生产风险共担契约下农产品物流服务供应链实现最优协调，但此时，农产品物流服务功能提供商的收益为 0，即 $\pi_F^O = 0$，在现货市场下，农产品物流服务功能提供商并不参与农产品物流服务供应链的决策。

因此，当 $Y > D$ 时，过量生产风险共担契约不能实现农产品物流服务供应链的协调。

证毕。

2. 第二种情形：$Y \leqslant D$

命题 3 – 2：当 $Y \leqslant D$ 时，农产品物流服务功能提供商的批发价格 w、能力盈余补贴 w_0 和农产品物流服务集成商的零售价格 p 满足式（3.37）时，能力盈余风险共担契约可以实现农产品物流服务供应链的最优协调。

$$w + \left(\frac{p}{c/\mu_z} - 1\right)w_0 = p \tag{3.37}$$

证明：

由上述分析可知，当 $Y_{(2)}^{O*} = D$ 时，农产品物流服务集成商收益最大，此时 $K_F^O = K^{BC*}$。由时式（3.28）和式（3.4）可得：

$$p(c - w_0\mu_z) = c(w - w_0)$$

即：

$$w + \left(\frac{p}{c/\mu_z} - 1\right)w_0 = p$$

可知，$w - w_0 > 0$，对于农产品物流服务功能提供商和农产品物流服务集成商的最优决策系数满足 $K_I^O < K_F^O$，$K_F^O = K^{BC*}$，且实现了农产品物流服务供应链协调。

证毕。

在能力盈余风险共担契约下，当农产品物流服务供应链实现最优协调时，由式（3.29）可知，此时农产品物流服务功能提供商的最大收益函数转化为：

$$\pi_F^O = (w - w_0)\left[1 - \Phi\left(\frac{1}{K^{BC*}}\right)\right]D$$

在农产品物流服务供应链基本决策模型下，农产品物流服务供应链的整体收益为式（3.5），即 $\pi^{BC*} = \pi(Q^{BC*}) = p\left[1 - \Phi(1/K^{BC*})\right]D$，由式（3.29）和式（3.5）可以得出在能力盈余风险共担契约下农产品物流服务功能提供商的收益分配比例系数 α_F^O：

$$\alpha_F^O = \frac{w - w_0}{p} \tag{3.38}$$

此时，由式（3.38）可知，存在两种特殊情形：

当 $w = p$，$w_0 = 0$ 时，农产品物流服务集成商收益为 0，$\pi_I^O = 0$；

当 $w = w_0 = \dfrac{c}{\mu_z}$ 时，农产品物流服务功能提供商收益为 0，$\pi_F^O = 0$，等同于 $Y > D$ 的情形，农产品物流服务集成商收益函数为式（3.31）。

综上所述，根据不同的契约类型和相关参数的取值，能力盈余风险共担契约不仅仅能够实现农产品物流服务供应链协调，并且可以实现农产品物流服务功能提供商和农产品物流服务集成商之间自由分配农产品物流服务供应链的整体收益。一般来说，农产品物流服务功能提供商的收益分配系数 α_F^O 的取值依赖于链上成员的谈判能力，随着农产品物流服务集成商讨价还价能力的增强，分配系数 α_F^O 的取值随之减少，即农产品物流服务功能提供商的收益减少，农产品物流服务集成商的收益增加。

3.4 物流服务能力缺失下基于惩罚契约的农产品物流服务供应链协调

第3.3节分析了农产品物流服务功能提供商提供的实际物流服务能力盈余下风险共担契约实现了农产品物流服务供应链的协调问题。本节考虑当农产品物流服务功能提供商提供的实际物流服务能力不足时如何采用惩罚契约实现农产品物流服务供应链的协调。当农产品物流服务功能提供商实际物流服务能力没有达到顾客的需求量时，农产品物流服务功能提供商将受到一定的惩罚，假设缺失单位物流服务能力的惩罚为 γ。与分散式批发价格契约相比，该惩罚机制下农产品物流服务功能提供商将面临更大的风险，但该机制可以激励农产品物流服务功能提供商投入生产更大的物流服务能力投资储备量，提高农产品物流服务供应链的整体绩效。而对于农产品物流服务集成商而言，最优的决策是与农产品物流服务功能提供商共享市场顾客需求信息。

3.4.1 农产品物流服务功能提供商的最优投资储备决策

在能力缺失惩罚契约（penalty contract）下，农产品物流服务功能提供商的期望收益函数为：

$$\pi_F^P(Q_F^O \mid Y) = wE[\min(zQ_F^P, Y)] - \gamma[\max(Y - zQ_F^P, 0)] - cQ_F^P$$

$$= w\left[\int_0^{Y/Q_F^P} zQ_F^P\varphi(z)\,\mathrm{d}z + \int_{Y/Q_F^O}^1 Y\varphi(z)\,\mathrm{d}z\right]$$

$$- \gamma\int_0^{Y/Q_F^P}(Y - zQ_F^P)\varphi(z)\,\mathrm{d}z - cQ_F^P \tag{3.39}$$

在式（3.39）中，农产品物流服务功能提供商的收益主要包括物流服务能力销售收益、惩罚损失和投资储备成本三部分。

命题 3－3：农产品物流服务功能提供商的期望收益函数是关于物流服

务能力投资储备数量 Q_F^P 的凹函数，最优的投资储备数量 Q_F^{P*} 满足：

$$\int_0^{Y/Q_F^P} z\varphi(z)\,\mathrm{d}z = \frac{c}{w+\gamma} \tag{3.40}$$

证明：

对式（3.40）关于农产品物流服务功能提供商的投资储备数量 Q_F^P 求一阶导数和二阶导数：

$$\frac{\partial \pi_F^P(Q_F^P \mid Y)}{\partial Q_F} = (w+\gamma) \int_0^{Y/Q_F^P} z\varphi(z)\,\mathrm{d}z - c$$

$$\frac{\partial^2 \pi}{\partial^2 Q_F} = -\frac{(w+\gamma)D^2}{(Q_F^P)^3}\varphi\left(\frac{D}{Q_F^P}\right) < 0$$

由此可以得出，农产品物流服务功能提供商的收益是关于物流服务能力投资储备数量 Q_F^P 的凹函数，令一阶导数等于 0，得到物流服务能力的最优投资储备数量满足：

$$\int_0^{Y/Q_F^P} z\varphi(z)\,\mathrm{d}z = \frac{c}{w+\gamma}$$

证毕。

同基本模型，引入系数 K_F^P，定义：

$$Q_F^{P*} = YK_F^{P*}, K_F^{P*} > 1 \tag{3.41}$$

且 K_F^{P*} 满足关系式（3.42）：

$$\int_0^{1/K_F^P} z\varphi(z)\,\mathrm{d}z = \frac{c}{w+\gamma} \tag{3.42}$$

此时，将物流服务能力的最优投资储备数量带入式（3.39），得到农产品物流服务功能提供商的收益为：

$$\pi_F^{P*} = \pi(Q_F^{P*} \mid Y) = [w - (w+\gamma)\Phi(1/K_F^{P*})]Y \tag{3.43}$$

3.4.2 农产品物流服务集成商的最优采购决策模型

当农产品物流服务功能提供商提供的物流服务能力不足时，农产品物流服务集成商的收益也会发生相应的变化。因此，物流服务能力缺失惩罚契约下，农产品物流服务集成商的收益函数为：

$$\pi_I^P = pE\big[\min(zQ_F^P, Y, D)\big] - wE\big[\min(zQ_F^P, Y)\big] + \gamma E\big[\max(Y - zQ_F^P, 0)\big]$$

$$(3.44)$$

由式（3.44）可知，农产品物流服务集成商的收益主要包括向顾客销售的物流服务能力收益、向农产品物流服务功能提供商采购物流服务能力的批发成本和由于物流服务能力缺失所获得的补偿三个部分。

1. 第一种情形：Y > D

此时，农产品物流服务集成商收益函数转化为：

$$\pi_I^P(Y \mid Q_F^P) = p\Big[\int_0^{D/Q_F^P}(zK_F^P Y - D)\varphi(z)\,\mathrm{d}z + D\Big]$$

$$- w\Big[\int_0^{1/K_F^P}(zK_F^P Y - Y)\varphi(z)\,\mathrm{d}z + Y\Big]$$

$$+ \gamma \int_0^{1/K_F^P}(Y - zK_F^P Y)\varphi(z)\,\mathrm{d}z \qquad (3.45)$$

式（3.45）对物流服务能力采购数量 Y 求一阶导数，得：

$$\frac{\partial \pi_I^P(Y \mid Q_F^P)}{\partial Y} = pK_F^P \int_0^{D/(YK_F^P)} z\varphi(z)\,\mathrm{d}z - \Big[w + cK_F^P - (w+\gamma)\Phi\Big(\frac{1}{K_F^P}\Big)\Big]$$

定义：

$$Y_{(1)}^{P*} = K_I^P \frac{D}{K_F^P}(1 < K_I^P < K^{BC*}) \; . \qquad (3.46)$$

且 K_F^P 满足以下关系式：

$$\int_0^{1/K_I} z\varphi(z)\,\mathrm{d}z = \frac{c}{p} + \frac{w - (w+\gamma)\Phi\Big(\frac{1}{K_F^P}\Big)}{pK_F^P} \qquad (3.47)$$

当 $\pi_I^P = 0$ 时，$K_F^P = K_I^W$，因此 $K_I^P = K_I^W$。

以上情形仅在 $K_I^P > K_F^P$ 时成立，当 $K_I^P \leqslant K_F^P$ 时，则转变为 $Y \leqslant D$ 的情况。

2. 第二种情形：Y≤D

农产品物流服务集成商收益函数转化为向农产品物流服务功能提供商采购的物流服务数量 Y 的线性函数：

$$\pi_I^P(Y|Q_F^P) = (p - w - \gamma)\left[\int_0^{1/K_F^P}(zK_F^PY - Y)\varphi(z)\mathrm{d}z + Y\right] + (p - w)Y$$

$$(3.48)$$

式（3.48）对 Y 求一阶导数得：

$$\frac{\partial \pi_I^P(Y|Q_F^P)}{\partial Y} = (p - w)\left[1 - \Phi\left(\frac{1}{K_F^P}\right)\right] + \frac{(p - w - \gamma)c}{w + \gamma}K_F^P + \gamma\Phi\left(\frac{1}{K_F^P}\right)$$

$$(3.49)$$

当 $\dfrac{\partial \pi_I^P(Y|Q_F^P)}{\partial Y} \geqslant 0$ 时，农产品物流服务集成商的最大采购量 Y 等于顾客物流服务需求量 D。因此，$Y \leqslant D$ 情形下，当 $p \geqslant w + \gamma$ 时，农产品物流服务集成商在农产品物流服务功能提供商物流服务能力缺失惩罚契约下的最优采购量为：

$$Y^{P*} = D \tag{3.50}$$

3.4.3　能力缺失惩罚契约下农产品物流服务供应链最优决策分析

根据 3.4.1 节和 3.4.2 节的讨论，本节针对 $Y > D$ 和 $Y \leqslant D$ 两种情形分别讨论农产品物流服务功能提供商在提供的物流服务能力不足时基于惩罚契约的物流供应链决策。

1. 第一种情形：Y > D

命题 3-4： 当 $Y > D$ 时，在农产品物流服务功能提供商提供物流服务能力不足情形下，惩罚契约不能实现农产品物流服务供应链的协调。

证明：

当物流服务能力缺失时，惩罚契约若能实现农产品物流服务供应链的协调，需要满足 $K_I^P = K^{BC*}$，由式（3.4）和式（3.47）可得：

$$w = (w + \gamma) \Phi\left(\frac{1}{K_F^P}\right) \tag{3.51}$$

此时，$K_I^P = K^{BC*}$，$K^{BC*} > K_F^P > K_F^W$。

将式（3.51）代入式（3.43），得到农产品物流服务功能提供商的收益 $\pi_F^{P*} = 0$。

因此，当农产品物流服务功能提供商提供的物流服务能力不足时，若农产品物流服务集成商物流服务能力采购量 Y 大于顾客物流服务需求量 D，则惩罚契约并不能实现农产品物流服务供应链的协调。

证毕。

2. 第二种情形：$Y \leqslant D$

命题3－5：若 $Y \leqslant D$，当农产品物流服务功能提供商的批发价格 w、缺失单位物流服务能力惩罚 γ 和农产品物流服务集成商的零售价格 p 满足式（3.52）时，惩罚契约可以实现分散决策下农产品物流服务供应链的最优协调。

$$w + \gamma = p \tag{3.52}$$

证明：

物流服务能力缺失惩罚契约实现农产品物流服务供应链协调的条件是在该情形下农产品物流服务功能提供商所确定的物流服务能力投资储备数量等于集中决策时的最优投资储备量。

式（3.2）中，基本模型中集中决策下农产品物流服务功能提供商关于物流服务能力的最优投资储备数量满足：$\int_0^{D/Q^{BC}} z\varphi(z)\mathrm{d}z = \dfrac{c}{p}$。

式（3.40）中，物流服务能力缺失惩罚契约下农产品物流服务功能提供商关于物流服务能力的最优投资储备数量满足：$\int_0^{Y/Q_F^P} z\varphi(z)\mathrm{d}z = \dfrac{c}{w + \gamma}$。

由式（3.50）可知，农产品物流服务集成商在农产品物流服务功能提供商物流服务能力缺失惩罚契约下的最优采购量满足 $Y^{P*} = D$，$K^{BC*} = K_F^{P*}$，令 $\dfrac{c}{w+\gamma} = \dfrac{c}{p}$，得：

$$w + \gamma = p$$

因此，当农产品物流服务功能提供商提供的物流服务能力小于需求时，若农产品物流服务集成商采购量 Y 等于顾客物流服务需求量 D，且满足农产品物流服务集成商物流服务能力单位批发价格与单位缺失惩罚系数之和等于农产品物流服务集成商单位物流服务能力的零售价格，则惩罚契约总能实现分散决策下农产品物流服务供应链的协调。

证毕。

将式（3.52）代入式（3.43），得到农产品物流服务功能提供商的收益函数为：

$$\pi_F^{P*} = \pi(Q_F^{P*} \mid Y) = \left[w - (w+\gamma)\Phi(1/K^{BC*}) \right] D \qquad (3.53)$$

由此，可得农产品物流服务功能提供商的收益分配比例系数 α_F^P，对比式（3.5）与式（3.54），可得：

$$\alpha_F^P = \frac{w - (w+\gamma)\Phi(1/K^{BC*})}{p\left[1 - \Phi(1/K^{BC*}) \right]} \qquad (3.54)$$

农产品物流服务集成商的收益函数为：$\pi_I^{P*} = (1 - \alpha_F^P)\ \pi^{BC*}$。

此时，由式（3.52）和式（3.54）可知，存在两种特殊情形：

当 $w = p$，$\gamma = 0$ 时，农产品物流服务集成商收益为 0，即 $\pi_I^P = 0$；

当 $w = p\Phi(1/K^{BC*})$，$\gamma = p\left[1 - \Phi(1/K^{BC*}) \right]$ 时，农产品物流服务功能提供商收益为零，即 $\pi_F^P = 0$，此时等同于 $Y > D$ 的情形，惩罚契约不能实现农产品物流服务供应链的协调。

综上所述，当农产品物流服务功能提供商提供的物流服务能力小于需求时，采用惩罚机制，不仅可以实现农产品物流服务供应链的协调，而且农产品物流服务集成商和农产品物流服务功能提供商还可以任意分配农产品物流服务供应链的整体收益。一般来说，农产品物流服务功能提供商的

收益分配系数 α_F^P 的取值依赖于农产品物流服务供应链成员的讨价还价能力，随着农产品物流服务集成商讨价还价能力的增强，分配系数 α_F^P 的取值随之减少。

3.5 算例分析

本节采用算例来分析相关参数对农产品物流服务供应链最优决策和收益的影响。算例参数取值参考了因德弗斯和克莱门斯（2014）的研究。假设农产品物流服务功能提供商随机产出因子 z 服从 $[0，1]$ 的均匀分布，则 z 的密度函数为 $\varphi(z) = \begin{cases} 1, 0 < z < 1 \\ 0, 其他 \end{cases}$，分布函数为 $\Phi(z) = \begin{cases} 0, z \leq 0 \\ z, 0 < z < 1 \\ 0, z \geq 1 \end{cases}$，均值 $\mu_z = 0.5$。此时，农产品物流服务供应链具有盈利能力时的条件转化为 $p > w > 2c$。借助算例来分析相关参数对农产品物流服务供应链的影响。

1. 批发价格契约分散决策下农产品物流服务供应链

根据随机产出因子 z 的分布，首先简化基本模型和批发价格契约分散决策下物流服务供应链中的相关系数和收益函数。

基本模型中，由式（3.4）和式（3.5）可得集中决策下需求—投资储备系数和农产品物流服务供应链的整体收益函数，即：

$$K^{BC*} = \sqrt{p/(2c)}, \pi^{BC*} = (p - \sqrt{2cp})D$$

批发价格契约农产品物流服务功能提供商和农产品物流服务集成商分散决策下，由式（3.9）和式（3.10）可得农产品物流服务功能提供商的需求—投资储备系数和农产品物流服务功能提供商的收益函数，即：

$$K_F^W = \sqrt{w/(2c)}, \pi_F^W = (w - \sqrt{2cw})Y$$

由式（3.23）和式（3.24）可得农产品物流服务集成商的需求—投资储备系数和收益函数，即：

$$K_I^W = \sqrt{\frac{p}{2(\sqrt{2cw}-c)}}, \pi_I^W = [p - \sqrt{p(\sqrt{8cw}-2c)}]D$$

令 $D=100$，$c=1$，$p=4$，当 $p \geq w \geq 2c$ 时，求解不同批发价格对农产品物流服务供应链最优决策的影响，结果如表 3-1 所示。

表 3-1　　　　　批发价格契约下农产品 LSSC 决策

w	Q^{BC*}	Q_F^{W*}	Y^W	π_F^W	π_I^W	$\pi_F^W + \pi_I^W$	π^{BC}
2	265	265	265	0	871	871	871
3	265	220	179	99	763	862	871
4	265	196	138	162	684	847	871
5	265	180	114	209	622	831	871
6	265	173	100	254	569	823	871
7	265	187	100	326	513	839	871
8	265	200	100	400	450	850	871
9	265	212	100	476	382	858	871
10	265	224	100	553	311	863	871
11	265	235	100	631	236	867	871
12	265	245	100	710	159	869	871
13	265	254	100	790	80	870	871
14	265	265	100	871	0	871	871

由表 3-1 可知，在基本模型中的批发价格契约集中决策下，农产品物流服务功能提供商根据农产品物流服务集成商的采购数量 Y 所确定的物流服务能力投资储备（调配或生产）最优数量 $Q^{BC*}=265$，农产品物流服务供应链的最优收益 $\pi^{BC*}=871$。

分散决策下批发价格对投资储备量和采购量的影响如图 3-3 所示，农产品物流服务集成商物流服务能力采购数量 Y^W 随着批发价格 w 的增加先减少而后趋于稳定，农产品物流服务功能提供商的物流服务能力投资储备（调配或生产）数量 Q_F^{W*} 是关于批发价格 w 的凹函数。当 $2 \leqslant w \leqslant 6$ 时，Y^W 随着 w 的增加而减少；当 $6 < w \leqslant 14$ 时，农产品物流服务集成商的最优采购量 Y^W 恒等于顾客需求量 D，即 $Y^W = D = 100$。当 $w = 6$ 时，物流服务功能提供商的物流服务能力投资储备数量最少，$Q_F^{W*} = 173$。

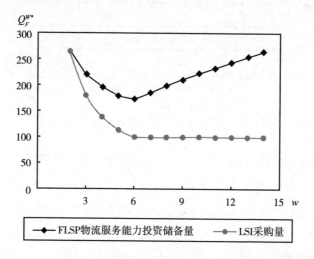

图 3 - 3　分散决策下批发价格对投资储备量和采购量的影响

分散决策下批发价格对农产品 LSSC 收益的影响如图 3 - 4 所示，在批发价格契约分散决策下，批发价格增加，农产品物流服务功能提供商收益随之增加，农产品物流服务集成商的收益随之减少，农产品物流服务供应链的整体收益是关于 w 的凹函数。当 $w = 6$ 时，农产品物流服务供应链的整体收益最低，$\pi_F^W + \pi_I^W = 831$；当 $w = 2$ 时，农产品物流服务功能提供商收益为 0，农产品物流服务集成商收益最大，即 $\pi_F^W = 0$，$\pi_I^W = 871$；当 $w = 14$ 时，农产品物流服务功能提供商收益最大，农产品物流服务集成商收益为 0，即 $\pi_F^W = 871$，$\pi_I^W = 0$。此外，表 3 - 1 表明，批发价格契约分散决策下，农产品物流服务供应链收益始终小于集中决策下农产品物流服务供应链收益，即 $\pi_F^W + \pi_I^W \leqslant \pi^{BC}$，$\pi^{BC} = 871$，因此，批发价格契约不能实现农产品物流服务供应链的协调。

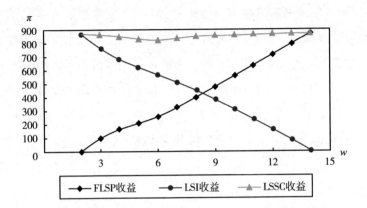

图 3 - 4 　分散决策下批发价格对农产品 LSSC 收益的影响

2. 能力盈余风险共担契约下的农产品物流服务供应链

根据随机产出因子 z 的分布，当农产品物流服务功能提供商物流服务能力盈余，且与农产品物流服务集成商关于物流服务能力盈余风险共担时，首先简化农产品物流服务供应链中的相关系数和收益函数。

由式（3.28）和式（3.29）可知，物流服务能力盈余风险共担契约下需求—投资储备系数和农产品物流服务功能提供商收益函数为：

$$K_F^O = \sqrt{\frac{w - w_0}{2c - w_0}}, \pi_F^O = \left[(w - w_0) - \sqrt{\frac{w - w_0}{2c - w_0}} \right] Y$$

当农产品物流服务功能提供商的批发价格 w、能力盈余补贴 w_0 满足式（3.37）时，农产品物流服务功能提供商提供的物流服务能力盈余且农产品物流服务集成商和农产品物流服务功能提供商风险共担契约下，农产品物流服务供应链可以实现最优协调，由式（3.37）可得农产品物流服务功能提供商的在能力盈余风险共担契约下的最优收益函数，即：

$$\pi_F^O = (w - w_0)(\sqrt{1 - 2c/p})D$$

此时，农产品物流服务集成商的收益函数为：

$$\pi_I^O = \pi^{BC*} - \pi_F^O$$

同样，令 $D = 100$，$c = 1$，$p = 4$，当 $p \geq w \geq 2c$ 时，求解不同批发价格

对农产品物流服务供应链最优决策的影响，结果如表 3-2 所示。

表 3-2　　　　　　　能力盈余风险共担契约下农产品 LSSC 决策

w	w_0	$Q_F^{O*} = Q^{BC*}$	Y^O	π_F^O	π_I^O	$\pi_F^O + \pi_I^O = \pi^{BC*}$	α_F^O
2	2.00	265	100	0	871	871	0
3	1.83	265	100	73	798	871	0.08
4	1.67	265	100	145	726	871	0.17
5	1.50	265	100	218	653	871	0.25
6	1.33	265	100	290	581	871	0.33
7	1.17	265	100	363	508	871	0.42
8	1.00	265	100	435	436	871	0.50
9	0.83	265	100	508	363	871	0.58
10	0.67	265	100	581	290	871	0.67
11	0.50	265	100	653	218	871	0.75
12	0.33	265	100	726	145	871	0.83
13	0.17	265	100	798	73	871	0.92
14	0.00	265	100	871	0	871	1.0

　　由表 3-2 可知，能力盈余风险共担契约下，农产品物流服务集成商物流服务能力采购数量等于顾客需求量，即 $Y^O = D = 100$；农产品物流服务功能提供商根据农产品物流服务集成商的采购数量所确定的物流服务能力投资储备数量与集中决策情形下相等，即 $Q_F^{O*} = Q^{BC*} = 265$；此时农产品物流服务供应链的收益与集中决策下农产品物流服务供应链的收益相等，即 $\pi_F^O + \pi_I^O = \pi^{BC*} = 871$。这表明，当农产品物流服务功能提供商所提供的物流服务能力盈余时，风险共担契约能够实现农产品物流服务供应链的协调。

　　此外，当 $w = w_0 = 2$ 时，农产品物流服务功能提供商的收益为 0，农产品物流服务集成商获得农产品物流服务供应链的全部收益；当 $w = 14$，$w_0 = 0$ 时，农产品物流服务集成商的收益为 0，农产品物流服务功能提供商获得了农产品物流服务供应链的全部收益。除上述两种特殊情况之外，当批发价格和价格补偿在此范围以内，风险共担契约不仅可以实现农产品物流服务供应链的协调还可以实现农产品物流服务功能提供商和农产品物流服务集成商任意分配农产品物流服务供应链的收益。批发价格 w 表明了农产品物流服务功能提供商和农产品物流服务集成商进行博弈能力的大小，当 w 越大时，农产品物流服务功能提供商的谈判能力就越强，所获得的收益就越大；反之，则农产品物流服务集成商所获得的收益就越大。

批发价格对农产品物流服务功能提供商的价格补偿和收益的影响如图3－5 所示，能力盈余风险共担契约下批发价格对农产品 LSSC 收益的影响如图3－6 所示。由图3－5 和图3－6 可知，随着批发价格的增加，农产品物流服务集成商向农产品物流服务功能提供商提供的能力盈余价格补偿越来越低，但农产品物流服务功能提供商获得的收益却随之增加，农产品物流服务集成商的收益则随之减少。

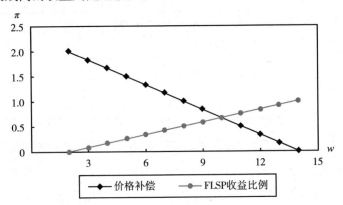

图3－5　批发价格对农产品物流服务功能提供商的价格补偿和收益的影响

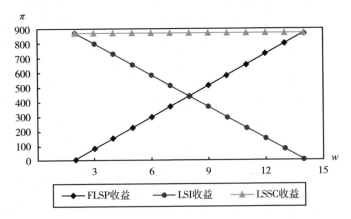

图3－6　能力盈余风险共担契约下批发价格对农产品 LSSC 收益的影响

3. 能力缺失惩罚契约下的农产品物流服务供应链

根据随机产出因子 z 的分布，当农产品物流服务功能提供商提供的物流服务能力小于需求，农产品物流服务集成商对农产品物流服务功能提供商采取惩罚契约时，首先简化物流服务服务供应链中的相关系数和收益函数。

由式（3.43）和式（3.44）可知，物流服务能力缺失惩罚契约下需求—投资储备系数和农产品物流服务功能提供商收益函数为：

$$K_F^P = \sqrt{\frac{w+\gamma}{2c}}, \pi_F^P = \left[w - \sqrt{2c(w+\gamma)}\right]Y$$

由式（3.53），进一步得到 $Y \leqslant D$ 时，农产品物流服务功能提供商收益函数为：

$$\pi_F^P = \left[w - (w+\gamma)\sqrt{2c/p}\right]D$$

此时，农产品物流服务集成商的收益函数为：

$$\pi_I^P = \pi^{BC*} - \pi_F^P$$

同样，令 $D=100$，$c=1$，$p=4$，由式（3.55）可得 $p \geqslant w \geqslant 5.3$，以下求解不同批发价格对农产品物流服务供应链最优决策的影响，结果如表 3－3 所示。

表 3－3 　　　　　能力缺失惩罚契约下农产品 LSSC 决策

w	γ	$Q_F^{P*} = Q^{BC*}$	$Y^P = D$	π_F^P	π_I^P	$\pi_F^P + \pi_I^P = \pi^{BC*}$	α_F^P
5.3	8.7	265	100	0	871	871	0.0
6	8	265	100	71	800	871	0.08
7	7	265	100	171	700	871	0.20
8	6	265	100	271	600	871	0.31
9	5	265	100	371	500	871	0.43
10	4	265	100	471	400	871	0.54
11	3	265	100	571	300	871	0.66
12	2	265	100	671	200	871	0.77
13	1	265	100	771	100	871	0.89
14	0	265	100	871	0	871	1.0

由表 3-3 可知，在物流服务能力缺失惩罚契约下，农产品物流服务功能提供商的最优决策等于集中决策时的最优投资储备量，农产品物流服务集成商的最优决策是设定的最优采购量等于顾客物流服务需求量，即 $Y^P = D = 100$，$Q_F^{P*} = Q^{BC*} = 265$。当 $w = 5.3$，$\gamma = 8.7$ 时，农产品物流服务功能提供商的收益为 0，在这之前，农产品物流服务功能提供商的收益为负值，因此，批发价格 w 和单位能力缺失惩罚 γ 都是无效。在 $(w, \gamma) = (5.3, 8.7)$ 至 $(w, \gamma) = (13, 1)$ 之间的解，均能实现农产品物流服务供应链的协调，且农产品物流服务集成商和农产品物流服务功能提供商之间可以实现收益的任意分配。

图 3-7 表明，随着批发价格 w 的增加，农产品物流服务集成商对农产品物流服务功能提供商缺失单位物流服务能力的惩罚越来越小。图 3-8 表明，随着批发价格的增加，农产品物流服务功能提供商收益逐渐增加，而农产品物流服务集成商收益逐渐减少。

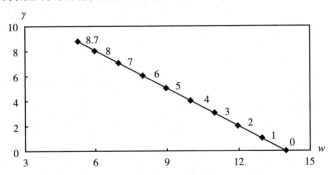

图 3-7　批发价格对缺失单位物流服务能力惩罚的影响

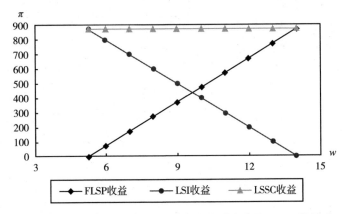

图 3-8　能力缺失惩罚契约下批发价格对农产品 LSSC 的影响

农产品物流服务功能提供商的收益分配系数 α_F^P 代表了农产品物流服务功能提供商和农产品物流服务集成商之间的谈判博弈能力。由图 3–9 可知，农产品物流服务功能提供商的收益分配系数随批发价格 w 的增加而增加，当批发价格 w 越高，农产品物流服务功能提供商的收益分配系数 α_F^P 越大，即农产品物流服务功能提供商的谈判能力越大，相应地，农产品物流服务功能提供商的收益就越大；反之，则农产品物流服务集成商的收益就越大。

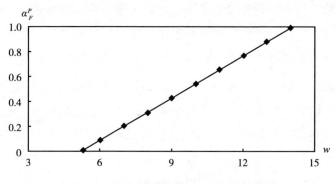

图 3–9　不同批发价格下 FLSP 收益比例

3.6 本章小结

本章主要针对农产品物流服务功能提供商在提供物流服务能力的过程中存在的随机产出现象，研究了物流服务能力产出不确定情况下农产品物流服务供应链协调问题。农产品物流服务功能提供商提供物流服务能力的不确定性导致两种结果，即能力盈余或者能力不足。当农产品物流服务集成商和农产品物流服务功能提供商集中决策时，仅需要对农产品物流服务功能提供商能够提供的物流服务能力数量进行决策分析，通过分析，给出了集中决策下农产品物流服务功能提供商的最优物流服务能力的投资储备数量，且该投资储备数量大于顾客物流服务需求量，在一定程度上减少了随机产出风险对农产品物流服务供应链的影响。

在分散决策下，农产品物流服务功能提供商和农产品物流服务集成商之间进行独立决策，且二者均以最大化其个体收益为决策目标，这通常使得农产品物流服务供应链产生双重边际效应，从而导致农产品物流服务功能提供商关于物流服务能力的投资储备数量低于集中决策下物流服务能力的最优数量，进一步导致农产品物流服务供应链不能实现最优状态。本章针对农产品物流服务功能提供商物流服务能力的不确定性，对农产品物流服务集成商物流服务能力采购量大于顾客物流服务能力需求量，以及物流服务能力采购量小于顾客物流服务能力需求量的情形分别进行了分析，提出了能力盈余风险共担契约和能力缺失惩罚契约对农产品物流服务供应链进行协调。得出了以下结论：第一，能力盈余风险共担契约促使农产品物流服务功能提供商会尽可能降低投资储备量，能力缺失惩罚契约则增加了农产品物流服务功能提供商的收益损失风险，为了避免惩罚，能力缺失契约往往会促进农产品物流服务功能提供商提高物流服务能力投资储备量，从而提高物流服务能力产出量。第二，能力盈余风险共担契约和能力缺失惩罚契约均可以实现农产品物流服务功能提供商和农产品物流服务集成商之间收益的自由分配，且收益的分配系数取决于农产品物流服务集成商和农产品物流服务功能提供商的谈判能力，体现了农产品物流服务供应链的柔性。

第4章

考虑随机需求下的
农产品物流服务供应链协调

　　为更好地适应农业领域各供应链新的需求，农产品物流服务供应链需要从横向和纵向的角度整合集成资源和能力，如不同的农产品物流服务功能提供商通过共享物流资源以提高规模经济效应，不同的农产品物流服务集成商通过互相储备或共享服务能力进行合作，物流服务提供商和物流服务集成商之间进行通过协调物流资源以达到优势互补等，控制和管理整个物流服务过程，并利用现代信息技术搭建物流服务共享智慧平台，以实现农产品物流服务供应链中节点企业之间实时信息共享，提高物流服务供应链的运作效率，构建出能提供智慧化体验的物流服务供应链体系。例如，王伟（2018）以市场需求为随机变量，由零售商支付物流服务费用的情况下，根据斯塔克尔伯格博弈模型的引导，考虑鲜活农产品的实体与价值损耗，同时结合利益共享契约，构建了协调生产商发挥主导作用的两极供应链体系。通过数值模拟证明，利用盈利共享与成本共担契约，生产商将产品以低价销售给零售商，收益由两者共享，在此契约条件下可引导生产商参与供应链的决策活动。

　　传统的由制造商、零售商和顾客组成的供应链研究中，对于顾客的不确定性需求，大多是假定顾客需求受上级成员（零售商）的零售价格和其销售努力水平的影响，且制造商并没有直接向顾客提供产品，通常也没有考虑供应商的努力水平。由于农产品物流服务供应链的特殊性，农产品物流服务集成商虽然处于中间环节，但农产品物流服务集成商并不会直接向顾客输出物流服务能力，而是由农产品物流服务功能提供商直接向顾客提供物流服务，所以农产品物流服务功能提供商的服务质量直接影响着顾客的物流服务需求量。与现有研究不同，本章假定物流服务需求不仅受农产品物流服务集成商零售价格的影响，还受农产品物流服务功能提供商为提高物流服务质量付出的努力水平的影响。

4.1 概述

4.1.1 问题描述

考虑由一个农产品物流服务功能提供商和农产品物流服务集成商组成的二级农产品物流服务供应链。与第3章相比，本章假设农产品物流服务功能提供商关于物流服务能力的生产和调配数量不受限制，且农产品物流服务集成商面向的是随机的顾客市场物流服务需求。此时在农产品物流服务供应链中，农产品物流服务功能提供商处于主导地位，其刺激物流服务需求的方式包括两个方面。首先，假设农产品物流服务功能提供商可以通过采用回馈契约的方式驱动农产品物流服务集成商的决策行为，如提高自身的物流服务能力水平并给予农产品物流服务集成商一定的价格折扣，从而提高农产品物流服务集成商向顾客销售物流服务能力的积极性，并且由于农产品物流服务功能提供商为提高物流服务质量所付出的努力水平也会影响顾客的物流服务需求量，所以提高物流服务能力水平也会刺激顾客物流服务需求。其次，假设农产品物流服务集成商为提高顾客的物流服务需求量，可以通过某种方式将农产品物流服务功能提供商给予的回馈转移给顾客，如降低物流服务能力零售价格。

因此，本章考虑物流服务需求数量同时受到农产品物流服务集成商的零售价格和农产品物流服务功能提供商为提高物流服务质量付出的努力水平的影响，将其称为"价格—努力敏感性需求"。农产品物流服务集成商的决策变量为物流服务零售价格，农产品物流服务功能提供商的决策变量为物流服务的批发价格和物流服务努力水平（见图 4 - 1）。

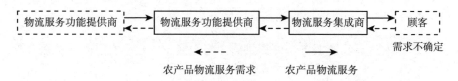

图 4 - 1　需求随机下的农产品物流服务供应链

研究假设：

假设 4 - 1：农产品物流服务功能提供商和农产品物流服务集成商都是风险中性，且关于物流服务能力的供应和定价等市场信息均是完全对称的。

假设 4 - 2：农产品物流服务功能提供商能够满足农产品物流服务集成商对物流服务能力的所有订购需求。

假设 4 - 3：农产品物流服务集成商的决策变量为物流服务能力的零售价格 p，农产品物流服务功能提供商的决策变量为批发价格 w 和为提高物流服务质量所付出的努力水平 e。

假设 4 - 4：农产品物流服务功能提供商拥有自己的零售职能，可以将物流服务能力直接销售给顾客。

符号说明：

e：农产品物流服务功能提供商为提高物流服务质量付出的努力水平。

D：农产品物流服务集成商面临的顾客物流服务需求，其概率密度函数和分布函数分别为 $f(D)$ 和 $F(D)$，均值和标准差分别为 μ_D 和 σ_D。本章对线性随机和弹性需求函数同时进行研究：$D(p_r,e) = \begin{cases} a - bp_r + \gamma e, & \text{线性需求} \\ ap_r^{-b}e^{\gamma}, & \text{弹性需求} \end{cases}$，

其中，a 表示物流服务能力的市场规模和潜力，表示物流服务价格为 0 时

的需求量；b 表示顾客物流服务需求对物流服务零售价格的敏感系数，称之为价格敏感系数，表示其他参数不变的情况下，物流服务价格增加（或减少）一个单位，顾客物流服务需求减少（或增加）的数量；γ 表示农产品物流服务功能提供商努力水平对物流服务需求的敏感系数，称之为努力敏感系数，表示当其他参数不变时，农产品物流服务功能提供商每提高一单位的努力水平，所增加的顾客物流服务需求量。

$\dfrac{\eta e^2}{2}$：农产品物流服务功能提供商的努力成本，η 是农产品物流服务功能提供商为提高物流服务质量的努力成本系数。

w：农产品物流服务功能提供商向农产品物流服务集成商提供的单位物流服务能力批发价格。

p：农产品物流服务集成商向顾客提供的单位物流服务能力零售价格。

c_F：农产品物流服务功能提供商投资储备（生产或者调配）单位物流服务能力的成本。

c_I：农产品物流服务集成商提供单位物流服务能力的运作成本。

本章提到的回馈契约包括两个方面：一是农产品物流服务功能提供商付给顾客的回馈，即农产品物流服务功能提供商给予顾客的一种返还奖励；二是农产品物流服务功能提供商和农产品物流服务集成商之间的回馈契约问题。建模过程中共考虑以下四种情形：第一，集中决策和分散决策的情形，此时农产品物流服务功能提供商和农产品物流服务集成商均不进行促销活动；第二，直接回馈—收入共享契约（direct-rebate and revenue sharing，DR&RS），此时农产品物流服务功能提供商给予顾客一定的回扣，且农产品物流服务集成商和农产品物流服务功能提供商共享一定的收益；第三，下游直接回馈契约（downward direct rebate，DDR），此时农产品物流服务功能提供商和农产品物流服务集成商个体分别向顾客提供回馈；第四，直接回馈—努力成本共担契约（direct rebate and effect sharing，DR & ES），此时农产品物流服务功能提供商向顾客提供回馈，且农产品物流服务集成商和提供商共享为提高物流服务质量而付出的努力成本。

4.1.2 基本模型

首先，考虑农产品物流服务功能提供商和农产品物流服务集成商集中决策下的情形，即农产品物流服务功能提供商和农产品物流服务集成商之间不存在转移价格，决策变量为物流服务能力零售价格 p_c 和努力水平 e。集中决策下农产品物流服务供应链的整体期望收益为：

$$\pi^C = \begin{cases} (p_C - c_I - c_F)(a - bp_C + \gamma e) - \eta\,\dfrac{e^2}{2}, & \text{线性需求模式} \\[2mm] (p_C - c_I - c_F)ap_C^{-b}e^\gamma - \eta\,\dfrac{e^2}{2}, & \text{弹性需求模式} \end{cases} \tag{4.1}$$

其次，考虑分散决策（decentralized decision）下农产品物流服务功能提供商 π_F^D 和物流农产品物流服务集成商的收益 π_I^D 分别为：

$$\pi_F^D = \begin{cases} (w - c_F)(a - bp_D + \gamma e) - \eta\,\dfrac{e^2}{2}, & \text{线性需求模式} \\[2mm] (w - c_F)ap_D^{-b}e^\gamma - \eta\,\dfrac{e^2}{2}, & \text{弹性需求模式} \end{cases} \tag{4.2}$$

$$\pi_I^D = \begin{cases} (p_D - w - c_I)(a - bp_D + \gamma e) - \eta\,\dfrac{e^2}{2}, & \text{线性需求模式} \\[2mm] (p_D - w - c_I)ap_D^{-b}e^\gamma - \eta\,\dfrac{e^2}{2}, & \text{弹性需求模式} \end{cases} \tag{4.3}$$

结合经济学中垄断和寡头垄断市场的情形，本章将分散决策下农产品物流服务功能提供商和农产品物流服务集成商之间的相互作用认定为一个主从决策行为，在斯塔克尔伯格博弈中，假定农产品物流服务功能提供商为市场的主导者，农产品物流服务集成商为跟随者。农产品物流服务功能提供商首先作出决策，并制定相应的契约，农产品物流服务集成商随后决定是否接受农产品物流服务功能提供商的契约，如果接受，农产品物流服务集成商需要根据农产品物流服务功能提供商的信息来确定对自己最有利的物流服务能力采购数量和物流服务能力零售价格。此外，本书假定，如果某种形式下，农产品物流服务集成商关于物流服务能力的采购数量和零售价格、农产品物流服务功能提供商关于物流服务能力的批发价格和为提高物流服务质量所付出的努力水平与集中决策下相一致，那么称该形势下可以实现农产品物流服务供应链的协调。

命题 4-1：（1）集中决策下农产品物流服务供应链的整体收益和分散决策下农产品物流服务功能提供商的收益是零售价格 p_c 和努力水平 e 的凹函数。

（2）集中决策下，农产品物流服务供应链的最优整体收益和物流服务能力最优采购数量随着农产品物流服务功能提供商为提高物流服务质量所付出的努力成本系数 η 的增加而减少；分散决策下，农产品物流服务功能提供商和农产品物流服务集成商的最优收益、农产品物流服务集成商物流服务能力和最优采购数量均随着农产品物流服务功能提供商为提高物流服务质量所付出的努力成本系数 η 的增加而减少。

（3）农产品物流服务供应链中，集中决策下农产品物流服务供应链的最优整体收益大于分散决策下农产品物流服务功能提供商和农产品物流服务集成商的最优收益之和。

（4）农产品物流服务供应链中，集中决策下农产品物流服务功能提供商的最优服务努力水平和物流服务能力最优销售数量分别大于分散决策下的努力水平和销售数量。

（5）分散决策下，无论是线性需求还是弹性需求模式，农产品物流服务功能提供商和农产品物流服务集成商的最优收益份额均与其个体关于物流服务能力的运作成本无关。

证明：

（1）在集中决策和分散决策下分别进行求解。

首先，集中决策下，对式（4.1）中的 p_c 和 e 分别求一阶导数，得：

$$\frac{\partial \pi^c}{\partial p_c} = \begin{cases} (a - 2bp_c + \gamma e) + b(c_I + c_F), & \text{线性需求模式} \\ ap_c^{-b}e^{\gamma} + (p_c - c_I - c_F)a(-b)p_c^{-b-1}e^{\gamma}, & \text{弹性需求模式} \end{cases}$$

$$\frac{\partial \pi^c}{\partial e} = \begin{cases} (p_c - c_I - c_F)\gamma e - \eta e, & \text{线性需求模式} \\ (p_c - c_I - c_F)ap_c^{-b}\gamma e^{\gamma-1} - \eta e, & \text{弹性需求模式} \end{cases}$$

又：

$$\frac{\partial^2 \pi^C}{\partial p_c^2} \frac{\partial^2 \pi^C}{\partial e^2} - \left(\frac{\partial^2 \pi^C}{\partial p_c \partial e}\right)^2 = \begin{cases} 2b\eta - \gamma^2, & \text{线性需求模式} \\ \eta(\gamma - 2) a p_c^{-b-1} e^{\gamma}(1 - b), & \text{弹性需求模式} \end{cases}$$

因此，在线性需求模式下，当 $2b\eta - \gamma^2 > 0$ 时；在弹性需求模式下，当 $\gamma < 2$ 且 $b > 1$ 时，$\frac{\partial^2 \pi^C}{\partial p_c^2} \frac{\partial^2 \pi^C}{\partial e^2} - \left(\frac{\partial^2 \pi^C}{\partial p_c \partial e}\right)^2 > 0$，由拉格朗日函数原理可知，集中决策下农产品物流服务供应链的整体收益是关于零售价格 p_c 和努力水平 e 的凹函数。

其次，分散决策下，对式（4.2）中的 p 和 e 分别求一阶导数，得：

$$\frac{\partial \pi_F^D}{\partial p} = \begin{cases} (w - c_F)(-b)p, & \text{线性需求模式} \\ (w - c_F) a(-b) p^{-b-1} e^{\gamma}, & \text{弹性需求模式} \end{cases}$$

$$\frac{\partial \pi_F^D}{\partial e} = \begin{cases} (w - c_F)\gamma - \eta e, & \text{线性需求模式} \\ (w - c_F) a\gamma p^{-b} e^{\gamma-1} - \eta e, & \text{弹性需求模式} \end{cases}$$

又：

$$\frac{\partial^2 \pi_F^D}{\partial p^2} \frac{\partial^2 \pi_F^D}{\partial e^2} - \left(\frac{\partial^2 \pi_F^D}{\partial p \partial e}\right)^2$$

$$= \begin{cases} (4b\eta - \gamma^2)/4, & \text{线性需求模式} \\ \eta(\gamma - 2) a \left(\frac{b}{b-1}\right)^{-b} (p + c_I)^{-b-1} e^{\gamma}(b - 1), & \text{弹性需求模式} \end{cases}$$

因此，在线性需求模式下，当 $4b\eta - \gamma^2 > 0$ 时；弹性需求模式下，当 $\gamma < 2$ 且 $b > 1$ 时，$\frac{\partial^2 \pi^C}{\partial p_c^2} \frac{\partial^2 \pi^C}{\partial e^2} - \left(\frac{\partial^2 \pi^C}{\partial p_c \partial e}\right)^2 > 0$，由拉格朗日函数原理可知，分散决策下农产品物流服务功能提供商的收益是关于零售价格 p_c 和努力水平 e 的凹函数。得证。

（2）首先，求解集中决策下农产品物流服务供应链的最优收益和物流服务能力的最优零售量。

令 $\frac{\partial \pi^C}{\partial p_c} = 0$，$\frac{\partial \pi^C}{\partial e} = 0$，得到集中决策下物流服务能力的最优零售价格和

农产品物流服务功能提供商为提高物流服务质量所付出的最优努力水平分别为：

$$
p_C^* = \begin{cases} \dfrac{a\eta + (b\eta - \gamma^2)(c_I + c_F)}{2b\eta - \gamma^2}, & \text{线性需求模式} \\[4mm] \dfrac{b(c_I + c_F)}{b - 1}, & \text{弹性需求模式} \end{cases} \tag{4.4}
$$

$$
e^{C*} = \begin{cases} \dfrac{\gamma[a - b(c_I + c_F)]}{2b\eta - \gamma^2}, & \text{线性需求模式} \\[4mm] \left[\dfrac{\eta(b-1)^{-b+1}}{\gamma ab^{-b}(c_I + c_F)^{-b+1}}\right]^{1/(y-2)}, & \text{弹性需求模式} \end{cases} \tag{4.5}
$$

农产品物流服务供应链的整体最优收益和物流服务能力最优销售量分别为：

$$
\pi^{C*} = \begin{cases} \dfrac{\eta[a - b(c_I + c_F)]^2}{2(2b\eta - \gamma^2)}, & \text{线性需求模式} \\[4mm] \left(\dfrac{\eta}{\gamma} - \dfrac{\eta}{2}\right)\left[\dfrac{\eta(b-1)^{-b+1}}{\gamma ab^{-b}(c_I + c_F)^{-b+1}}\right]^{2/(y-2)}, & \text{弹性需求模式} \end{cases} \tag{4.6}
$$

$$
Q^{C*} = \begin{cases} \dfrac{b\eta[a - b(c_I + c_F)]}{2b\eta - \gamma^2}, & \text{线性需求模式} \\[4mm] \dfrac{\eta(b-1)}{\gamma(c_I + c_F)}\left[\dfrac{\eta(b-1)^{-b+1}}{\gamma ab^{-b}(c_I + c_F)^{-b+1}}\right]^{2/(y-2)}, & \text{弹性需求模式} \end{cases} \tag{4.7}
$$

由式（4.6）、式（4.7）可知，$\dfrac{\partial\left(\dfrac{\eta}{2b\eta - \gamma^2}\right)}{\partial\eta} = \dfrac{-\gamma^2}{(2b\eta - \gamma^2)^2} < 0$，所以，线性需求模式下，$\dfrac{\partial\pi^C}{\partial\eta} < 0$，$\dfrac{\partial Q^C}{\partial\eta} < 0$，即农产品物流服务供应链的收益函数和物流服务能力的最优销售量关于努力成本系数 η 的一阶导数小于0，是关于 η 的减函数。由拉格朗日函数原理可知，农产品物流服务供应链的最优收益函数和物流服务能力的最优销售量随 η 的增加而减少。

其次，求解分散决策下农产品物流服务功能提供商和农产品物流服务集成商最优收益以及农产品物流服务集成商关于物流服务能力的最优采购数量。

对式（4.3）关于物流服务能力零售价格 p 求一阶导数，得到：

$$\frac{\partial \pi_I^D}{\partial p} = \begin{cases} (a - bp + \gamma e) + (p - w - c_I)(-b), & \text{线性需求模式} \\ ap^{-b}e^{\gamma} + (p - w - c_I)ae^{\gamma}(-b)p^{-b-1}, & \text{弹性需求模式} \end{cases}$$

令 $\frac{\partial \pi_I^D}{\partial p} = 0$，得到分散决策下农产品物流服务集成商关于物流服务能力的最优零售价格：

$$p^D = \begin{cases} \dfrac{a + \gamma e + b(w + c_I)}{2b}, & \text{线性需求模式} \\ \dfrac{b(w + c_I)}{b - 1}, & \text{弹性需求模式} \end{cases} \tag{4.8}$$

将式（4.8）代入式（4.2），得到农产品物流服务功能提供商的最优收益函数为：

$$\pi_F^D = \begin{cases} (w - c_F)\dfrac{a + \gamma e - b(w + c_I)}{2} - \eta\dfrac{e^2}{2}, & \text{线性需求模式} \\ (w - c_F)a\left(\dfrac{b}{b-1}\right)^{-b}(w + c_I)^{-b}e^{\gamma} - \eta\dfrac{e^2}{2}, & \text{弹性需求模式} \end{cases} \tag{4.9}$$

对式（4.9）关于物流服务能力批发价格 w 和努力水平 e 分别求一阶导数并令其等于 0，可以求得分散决策下物流服务能力的最优批发价格和最优努力水平：

$$w^{D*} = \begin{cases} \dfrac{2a\eta - 2b\eta c_I + (2b\eta - \gamma^2)c_F}{4b\eta - \gamma^2}, & \text{线性需求模式} \\ \dfrac{c_I + bc_F}{b - 1}, & \text{弹性需求模式} \end{cases} \tag{4.10}$$

$$e^{D*} = \begin{cases} \dfrac{\gamma[a - b(c_I + c_F)]}{4b\eta - \gamma^2}, & \text{线性需求模式} \\ \left[\dfrac{\eta(b-1)^{-2b+1}}{\gamma ab^{-2b}(c_I + c_F)^{-b+1}}\right]^{1/(\gamma-2)}, & \text{弹性需求模式} \end{cases} \tag{4.11}$$

将 w^{D*}、e^{D*} 代入式（4.8），得到农产品物流服务集成商关于物流服务能力的最优零售价格为：

$$p^{D*} = \begin{cases} \dfrac{3a\eta + (b\eta - \gamma^2)(c_I + c_F)}{4b\eta - \gamma^2}, & \text{线性需求模式} \\[3mm] \dfrac{b^2(c_I + c_F)}{(b-1)^2}, & \text{弹性需求模式} \end{cases} \tag{4.12}$$

将式（4.10）、式（4.11）和式（4.12）代入式（4.2）、式（4.3），得到分散决策下农产品物流服务功能提供商和农产品物流服务集成商的最优收益以及农产品物流服务集成商关于物流服务能力的最优采购量分别为：

$$\pi_F^{D*} = \begin{cases} \dfrac{\eta[a - b(c_F + c_I)]^2}{2(4b\eta - \gamma^2)}, & \text{线性需求模式} \\[3mm] \left(\dfrac{\eta}{\gamma} - \dfrac{\eta}{2}\right)\left(\dfrac{b-1}{b}\right)^{-2b/(\gamma-2)}\left[\dfrac{\eta(b-1)^{-b+1}}{\gamma ab^{-b}(c_F + c_I)^{-b+1}}\right]^{2/(\gamma-2)}, & \text{弹性需求模式} \end{cases} \tag{4.13}$$

$$\pi_I^{D*} = \begin{cases} \dfrac{b\eta^2[a - b(c_F + c_I)]^2}{(4b\eta - \gamma^2)^2}, & \text{线性需求模式} \\[3mm] \dfrac{b\eta}{(b-1)\gamma}\left(\dfrac{b-1}{b}\right)^{-2b/(\gamma-2)}\left[\dfrac{\eta(b-1)^{-b+1}}{\gamma ab^{-b}(c_F + c_I)^{-b+1}}\right]^{2/(\gamma-2)}, & \text{弹性需求模式} \end{cases} \tag{4.14}$$

$$Q^{D*} = \begin{cases} \dfrac{b\eta[a - b(c_F + c_I)]}{4b\eta - \gamma^2}, & \text{线性需求模式} \\[3mm] \dfrac{(b-1)\eta}{\gamma(c_F + c_I)}\left(\dfrac{b-1}{b}\right)^{-2b/(\gamma-2)}\left[\dfrac{\eta(b-1)^{-b+1}}{\gamma ab^{-b}(c_F + c_I)^{-b+1}}\right]^{2/(\gamma-2)}, & \text{弹性需求模式} \end{cases} \tag{4.15}$$

由式（4.13）至式（4.15）可知，$\dfrac{\partial\left(\dfrac{\eta}{4b\eta - \gamma^2}\right)}{\partial\eta} = \dfrac{-\gamma^2}{(4b\eta - \gamma^2)^2} < 0$，所以，线性需求模式下，$\dfrac{\partial\pi_F^D}{\partial\eta} < 0$，$\dfrac{\partial\pi_I^D}{\partial\eta} < 0$，$\dfrac{\partial Q^D}{\partial\eta} < 0$，即农产品物流服务功能提供商和农产品物流服务集成商的收益函数、农产品物流服务集成商对物

流服务能力的最优采购量关于努力成本系数 η 的一阶导数小于0，是关于 η 的减函数。由拉格朗日函数原理可知，农产品物流服务功能提供商和农产品物流服务集成商的最优收益、物流服务能力最优采购量均随 η 的增加而减少。

由式(4.6)、式(4.7)、式(4.13)、式(4.14)和式(4.15)可知，$\dfrac{\partial\left[\eta\eta^{2/(\gamma-2)}\right]}{\partial\eta}=$

$\dfrac{\gamma}{\gamma-2}\eta^{2/(\gamma-2)}$，当 $\gamma<2$ 时，$\dfrac{\partial\left[\eta\eta^{2/(\gamma-2)}\right]}{\partial\eta}<0$。因此，在弹性需求模式下，

当 $\gamma<2$ 时，$\dfrac{\partial\pi^{C}}{\partial\eta}<0$，$\dfrac{\partial Q^{C}}{\partial\eta}<0$，$\dfrac{\partial\pi_{F}^{D}}{\partial\eta}<0$，$\dfrac{\partial\pi_{I}^{D}}{\partial\eta}<0$，$\dfrac{\partial Q^{D}}{\partial\eta}<0$，即集中决策下，农产品物流服务供应链的最优整体收益、物流服务能力最优销售数量关于努力成本系数 η 的一阶导数小于0，是关于 η 的减函数，随 η 的增加而减少；分散决策下，农产品物流服务功能提供商和农产品物流服务集成商的最优收益函数、农产品物流服务集成商对物流服务能力的最优采购量关于努力成本系数 η 的一阶导数小于0，是 η 的减函数，随 η 的增加而减少。

得证。

（3）、（4）证明过程与（1）、（2）相同，故此处略去。

（5）分散决策下，由式（4.13）和式（4.14）可得农产品物流服务功能提供商和农产品物流服务集成商的收益之比为：

$$\frac{\pi_{F}^{D*}}{\pi_{I}^{D*}}=\begin{cases}\dfrac{4b\eta-\gamma^{2}}{2b\eta}, & \text{线性需求模式}\\[3mm]\dfrac{(2-\gamma)(b-1)}{2b}, & \text{弹性需求模式}\end{cases}\qquad(4.16)$$

由式（4.16）可知，农产品物流服务功能提供商和农产品物流服务集成商的最优收益之比与各自的运作成本无关。

得证。

通过以上求解过程，得出不同决策情形下农产品物流服务供应链最优决策如表4-1所示。

表 4 – 1　　　　　　　　　　　不同情形下农产品 LSSC 决策

指标	线性需求	弹性需求
分散决策		
p^D	$\dfrac{3a\eta + (b\eta - \gamma^2)(c_I + c_F)}{4b\eta - \gamma^2}$	$\dfrac{b^2(c_I + c_F)}{(b-1)^2}$
w^D	$\dfrac{2a\eta - 2b\eta c_I + (2b\eta - \gamma^2)c_F}{4b\eta - \gamma^2}$	$\dfrac{c_I + bc_F}{b-1}$
e^D	$\dfrac{\gamma[a - b(c_I + c_F)]}{4b\eta - \gamma^2}$	$\left[\dfrac{\eta(b-1)^{-2b+1}}{\gamma ab^{-2b}(c_I + c_F)^{-b+1}}\right]^{1/(\gamma-2)}$
π_F^D	$\dfrac{\eta[a - b(c_F + c_I)]^2}{2(4b\eta - \gamma^2)}$	$\left(\dfrac{\eta}{\gamma} - \dfrac{\eta}{2}\right)\left(\dfrac{b-1}{b}\right)^{-2b/(\gamma-2)}\left[\dfrac{\eta(b-1)^{-b+1}}{\gamma ab^{-b}(c_F + c_I)^{-b+1}}\right]^{2/(\gamma-2)}$
π_I^D	$\dfrac{b\eta^2[a - b(c_F + c_I)]^2}{(4b\eta - \gamma^2)^2}$	$\dfrac{b\eta}{(b-1)\gamma}\left(\dfrac{b-1}{b}\right)^{-2b/(\gamma-2)}\left[\dfrac{\eta(b-1)^{-b+1}}{\gamma ab^{-b}(c_F + c_I)^{-b+1}}\right]^{2/(\gamma-2)}$
$\pi_F^D + \pi_I^D$	$\dfrac{\eta[a - b(c_F + c_I)]^2(6b\eta - \gamma^2)}{2(4b\eta - \gamma^2)^2}$	$\left[\dfrac{(2b-1)\eta}{(b-1)\gamma} - \dfrac{\eta}{2}\right]\left(\dfrac{b-1}{b}\right)^{-2b/(\gamma-2)}\left[\dfrac{\eta(b-1)^{-b+1}}{\gamma ab^{-b}(c_F + c_I)^{-b+1}}\right]^{2/(\gamma-2)}$
Q^D	$\dfrac{b\eta[a - b(c_F + c_I)]}{4b\eta - \gamma^2}$	$\dfrac{(b-1)\eta}{\gamma(c_F + c_I)}\left(\dfrac{b-1}{b}\right)^{-2b/(\gamma-2)}\left[\dfrac{\eta(b-1)^{-b+1}}{\gamma ab^{-b}(c_F + c_I)^{-b+1}}\right]^{2/(\gamma-2)}$
集中决策		
p_C	$\dfrac{a\eta + (b\eta - \gamma^2)(c_I + c_F)}{2b\eta - \gamma^2}$	$\dfrac{b(c_I + c_F)}{b-1}$
e^C	$\dfrac{\gamma[a - b(c_I + c_F)]}{2b\eta - \gamma^2}$	$\left[\dfrac{\eta(b-1)^{-b+1}}{\gamma ab^{-b}(c_I + c_F)^{-b+1}}\right]^{1/(\gamma-2)}$
π^C	$\dfrac{\eta[a - b(c_I + c_F)]^2}{2(2b\eta - \gamma^2)}$	$\left(\dfrac{\eta}{\gamma} - \dfrac{\eta}{2}\right)\left[\dfrac{\eta(b-1)^{-b+1}}{\gamma ab^{-b}(c_I + c_F)^{-b+1}}\right]^{2/(\gamma-2)}$
Q^C	$\dfrac{b\eta[a - b(c_I + c_F)]}{2b\eta - \gamma^2}$	$\dfrac{\eta(b-1)}{\gamma(c_I + c_F)}\left[\dfrac{\eta(b-1)^{-b+1}}{\gamma ab^{-b}(c_I + c_F)^{-b+1}}\right]^{2/(\gamma-2)}$

由上述分析可知，分散决策下，农产品物流服务功能提供商和农产品物流服务集成商最优收益小于集中决策下农产品物流服务供应链的最优收益，二者进行分散决策不能实现农产品物流服务供应链的协调。而线性需求模式下，农产品物流服务功能提供商和农产品物流服务集成商的最优收益比 $\frac{\pi_F^{D*}}{\pi_I^{D*}} = 1 + \frac{2b\eta - \gamma^2}{2b\eta}$，$\frac{\pi_F^{D*}}{\pi_I^{D*}} > 1$，即农产品物流服务功能提供商的最优收益大于农产品物流服务集成商的最优收益。但在弹性需求模式下，令：

$$Y = \eta \left(\frac{b-1}{b} \right)^{-2b/(\gamma-2)} \left[\frac{\eta (b-1)^{-b+1}}{\gamma a b^{-b} (c_F + c_I)^{-b+1}} \right]^{2/(\gamma-2)}$$

则 $\pi_I^{D*} = \left[\frac{1}{\gamma} + \frac{1}{\gamma(b-1)} \right] Y$，$\pi_F^{D*} = \left(\frac{1}{\gamma} - \frac{1}{2} \right) Y$，得 $\pi_F^{D*} < \pi_I^{D*}$，即弹性需求模式下，作为农产品物流服务供应链主导者的农产品物流服务功能提供商的最优收益小于跟随者农产品物流服务集成商的最优收益，此时农产品物流服务供应链的效率为：

$$CE = \frac{\pi_F^{D*} + \pi_I^{D*}}{\pi^{C*}} = \frac{(b-1)(4-\gamma) + 2}{(b-1)(2-\gamma)} \left(\frac{b-1}{b} \right)^{-2b/(\gamma-2)}$$

因此，作为农产品物流服务供应链的主导者，农产品物流服务功能提供商通过设计一定的契约提高自身的收益。本书拟设计回馈契约对分散决策下的农产品物流服务供应链进行协调，求解分散决策下当农产品物流服务功能提供商和农产品物流服务集成商实现协调时，农产品物流服务功能提供商如何确定给予农产品物流服务集成商的最优回馈值和为提高服务质量所付出的最佳努力水平以及农产品物流服务功能提供商如何提高自身的收益水平。本章借鉴以往学者的研究，假定农产品物流服务功能提供商和农产品物流服务集成商在实施相关契约时，农产品物流服务集成商仍保持原有的物流服务能力零售价格不变，以便顾客能够在原有价格的基础上估计契约实施后自身获得的收益。

4.2　需求受价格—努力因素影响的农产品物流服务供应链协调

4.2.1　回馈协调契约下集中决策模型

1. 模型建立

在回馈契约（rebate contract）中，假设农产品物流服务功能提供商和农产品物流服务集成商集中决策下，农产品物流服务功能提供商给予顾客单位物流服务能力的回馈为 R，其为提高物流服务质量所付出的努力水平为 e。此时，农产品物流服务供应链的收益为：

$$\pi^{CR} = \begin{cases} (p_{CR} - c_I - c_F - R)\left[a - b(p_{CR} - R) + \gamma e\right] - \eta \dfrac{e^2}{2}, & \text{线性需求模式} \\[4mm] (p_{CR} - c_I - c_F - R)a(p_{CR} - R)^{-b}e^{\gamma} - \eta \dfrac{e^2}{2}, & \text{弹性需求模式} \end{cases}$$

（4.17）

对式（4.17）关于 R 和 e 求一阶导数并令其等于 0，即 $\dfrac{\partial \pi^{CR}}{\partial R} = 0$，$\dfrac{\partial \pi^{CR}}{\partial e} = 0$，可以求出在农产品物流服务功能提供商和农产品物流服务集成商集中决策下，农产品物流服务功能提供商给予顾客单位物流服务能力的最优回馈 R^{CR*} 和为提高物流服务质量所付出的最优努力水平为 e^{CR*}：

$$R^{CR*} = \begin{cases} \dfrac{2\eta(b\eta - \gamma^2)\left[a - b(c_I + c_F)\right]}{(2b\eta - \gamma^2)(4b\eta - \gamma^2)}, & \text{线性需求模式} \\[4mm] \dfrac{b(c_I + c_F)}{(b-1)^2}, & \text{弹性需求模式} \end{cases}$$

（4.18）

$$e^{CR*} = \begin{cases} \dfrac{\gamma\left[a - b(c_I + c_F)\right]}{2b\eta - \gamma^2}, & \text{线性需求模式} \\[4mm] \left[\dfrac{\eta(b-1)^{-b+1}}{\gamma ab^{-b}(c_I + c_F)^{-b+1}}\right]^{1/(\gamma-2)}, & \text{弹性需求模式} \end{cases}$$

（4.19）

此时，农产品物流服务供应链整体最优收益和物流服务能力最优销售量分别为：

$$
\pi^{CR*} = \begin{cases} \dfrac{\eta[a - b(c_I + c_F)]^2}{2(2b\eta - \gamma^2)}, & \text{线性需求模式} \\[3mm] \left(\dfrac{\eta}{\gamma} - \dfrac{\eta}{2}\right)\left[\dfrac{\eta(b-1)^{-b+1}}{\gamma ab^{-b}(c_I + c_F)^{-b+1}}\right]^{2/(\gamma-2)}, & \text{弹性需求模式} \end{cases}
$$

$$(4.20)$$

$$
Q^{CR*} = \begin{cases} \dfrac{b\eta[a - b(c_I + c_F)]}{2b\eta - \gamma^2}, & \text{线性需求模式} \\[3mm] \dfrac{\eta(b-1)}{\gamma(c_I + c_F)}\left[\dfrac{\eta(b-1)^{-b+1}}{\gamma ab^{-b}(c_I + c_F)^{-b+1}}\right]^{2/(\gamma-2)}, & \text{弹性需求模式} \end{cases}
$$

$$(4.21)$$

通过将集中决策下基于回馈契约的农产品物流服务供应链最优结果与 4.1 节中的基本模型进行对比分析，得出以下命题。

命题 4 – 2：（1）集中决策下基于回馈契约的农产品物流服务供应链最优收益 π^{CR*} 是关于农产品物流服务功能提供商给予顾客单位物流服务能力的回馈 R^{CR*} 和为提高物流服务质量所付出的努力水平 e^{CR*} 的凹函数。

（2）回馈契约集中决策下，农产品物流服务功能提供商的努力水平与基本模型中集中决策下的努力水平相等。

（3）当分散决策下农产品物流服务功能提供商所提供的最优单位流服务能力回馈 R^{CR*}、最优努力水平 e^{CR*} 以及物流服务能力零售价格 p^{CR*} 等于集中决策时，方能实现农产品物流服务供应链的协调。

证明：

（1）式（4.20）具有二阶连续导数，π^{CR*} 关于 R 的二阶导数大于 0，即 $\dfrac{\partial^2 \pi^{CR*}}{\partial R^2} > 0$，又：

$$
\frac{\partial^2 \pi^{CR*}}{\partial R^2}\frac{\partial^2 \pi^{CR*}}{\partial e^2} - \left(\frac{\partial^2 \pi^{CR*}}{\partial R \partial e}\right)^2 = \begin{cases} 2b\eta - \gamma^2, & \text{线性需求模式} \\[2mm] \eta(\gamma - 2)ap_{CR}^{-b-1}e^{\gamma}(1-b), & \text{弹性需求模式} \end{cases}
$$

当 $\begin{cases} 2b\eta - \gamma^2 > 0, & \text{线性需求模式} \\ \gamma > 2 \text{ 且 } b > 1, & \text{弹性需求模式} \end{cases}$ 时, $\dfrac{\partial^2 \pi^{CR*}}{\partial R^2} \dfrac{\partial^2 \pi^{CR*}}{\partial e^2} - \left(\dfrac{\partial^2 \pi^{CR*}}{\partial R \partial e} \right)^2 > 0$,

由凹函数的性质可知，农产品物流服务供应链最优收益 π^{CR*} 为凹函数。得证。

（2）、（3）证明过程与（1）相同，故此处略去。

通过以上求解可知，$p_{CR} - R = p_C$，即在线性需求和弹性需求模式下，当农产品物流服务功能提供商和农产品物流服务集成商进行分散决策时，若农产品物流服务功能提供商给予顾客的回馈满足 $p_{CR} - R = p_C$，则分散决策下，农产品物流服务供应链可以实现协调。此时农产品物流服务功能提供商和农产品物流服务集成商的收益函数分别为：

$$\pi_F^{DR} = \begin{cases} (w - c_F - R)\left[a - b(p_{CR} - R) + \gamma e \right] - \eta \dfrac{e^2}{2}, & \text{线性需求模式} \\ \\ (w - c_F - R)a(p_{CR} - R)^{-b}e^{\gamma} - \eta \dfrac{e^2}{2}, & \text{弹性需求模式} \end{cases}$$

$$\pi_I^{D} = \begin{cases} (p_{CR} - w - c_I)\left[a - b(p_{CR} - R) + \gamma e \right] - \eta \dfrac{e^2}{2}, & \text{线性需求模式} \\ \\ (p_{CR} - w - c_I)a(p_{CR} - R)^{-b}e^{\gamma} - \eta \dfrac{e^2}{2}, & \text{弹性需求模式} \end{cases}$$

接下来对分散决策下农产品物流服务供应链模型进行分析。首先，分散决策线性需求模式下，可以求得农产品物流服务功能提供商和农产品物流服务集成商的最优收益分别为：$\pi_F^{DR*} = \dfrac{\eta\left[a - b(c_F + c_I) \right]^2}{2(4b\eta - \gamma^2)}$，$\pi_I^{DR*} = \dfrac{b\eta^2\left[a - b(c_F + c_I) \right]^2}{(4b\eta - \gamma^2)(2b\eta - \gamma^2)}$，由此可知，此时物流服务能力的销售量、农产品物流服务供应链成员的收益与集中决策无回馈契约时相等，农产品物流服务集成商获得相对较高的收益。其次，分散决策弹性需求模式下，农产品物流服务功能提供商收益小于农产品物流服务集成商收益，当农产品物流服务功能提供商采取回馈契约时，给顾客补贴一部分收益，农产品物流服务功能提供商的收益则大幅下降，此时 $w - c_F - R = \dfrac{c_F + c_I}{(b-1)^2}$，农产品物流服务功能提供商拒绝实施该契约。由此得出以下命题。

命题4-3：（1）线性需求模式下，当农产品物流服务功能提供商和农产品物流服务集成商进行集中决策时，若农产品物流服务功能提供商实施回馈契约，则农产品物流服务集成商能够获得农产品物流服务供应链的大多数收益。

（2）弹性需求模式下，当农产品物流服务功能提供商和农产品物流服务集成商进行集中决策时，农产品物流服务功能提供商为最大化其自身收益，会拒绝实施回馈契约。

证明过程与前文相同，故此处略去。

2. 算例分析

为验证以上结论，采用算例对上述模型进行检验。算例数据主要参考德米拉格和斯旺（Demirag & Swann，2007）的研究。

线性需求模式下，相关参数取值如下：$a = 200$，$b = 0.8$，$\gamma = 0.3$，$\eta = 0.2$，$c_F = 50$，$c_I = 10$，求解结果如表4-2所示。

表4-2　　　　　　　　线性需求模式下农产品LSSC最优解

决策模式	零售价格	批发价格	单位回馈	努力水平	农产品物流服务集成商收益	农产品物流服务功能提供商收益	农产品物流服务供应链收益
分散决策	225.81	160.12	—	82.90	2444.06	4200.07	6644.13
集中决策	192.17	—	—	198.26	—	—	10045.21
集中决策回馈契约	192.17	—	33.64	198.26	—	—	10045.21

弹性需求模式下，相关参数取值如下：$a = 500$，$b = 1.8$，$\gamma = 1.4$，$\eta = 0.4$，$c_F = 20$，$c_I = 5$，求解结果如表4-3所示。

表4-3 弹性需求模式下农产品 LSSC 最优解

决策模式	零售价格	批发价格	单位回馈	努力水平	农产品物流服务集成商收益	农产品物流服务功能提供商收益	农产品物流服务供应链收益
分散决策	126.56	51.25	—	38.86	9740.62	1267.51	11008.13
集中决策	56.25	—	—	442.71	—	—	17918.71
集中决策回馈契约	56.25	—	70.31	442.71	—	—	17918.71

由表4-2和表4-3可知，弹性需求模式下，当农产品物流服务功能提供商和农产品物流服务集成商进行集中决策时，若农产品物流服务功能提供商实施回馈契约，那么单位物流服务能力的最优回馈值（70.31）大于物流服务能力的最优零售价格（56.25），即当农产品物流服务功能提供商付出自身努力并采取回馈契约协调农产品物流服务供应链时，其获得的收益将会为负值。针对该情形，本章尝试设计其他协调机制，以期实现线性需求模式和弹性需求模式下农产品物流服务功能提供商和农产品物流服务集成商在集中决策下达到双赢。

在接下来的研究中，本章尝试在回馈契约中引入收益共享契约，称之为回馈—收益共享契约，并根据农产品物流服务功能提供商提供的回馈对象，即农产品物流服务功能提供商—顾客、农产品物流服务功能提供商—农产品物流服务集成商之间的关系，分别称之为直接回馈—收益共享契约和多层级回馈契约，直接和多层次是以农产品物流服务功能提供商和顾客之间的关系为标准进行划分的。以下分别对这两种契约模型进行求解。

4.2.2 直接回馈—收益共享协调契约

在"农产品物流服务功能提供商—农产品物流服务集成商—顾客"组成的农产品物流服务供应链系统中，直接回馈—收入共享契约（direct rebate and revenue sharing，DRRS）主要是指农产品物流服务功能提供商直接给予顾客的一种回馈奖励，该回馈并没有经过农产品物流服务集成商。

收益共享契约为实现供应链的协调机制提供了基础。当农产品物流服务功能提供商和农产品物流服务集成商进行集中决策采取回馈契约时，如果农产品物流服务功能提供商向顾客提供一定数量的回馈份额并愿意为提高物流服务质量而付出努力，那么势必会刺激顾客增加物流服务需求，但农产品物流服务功能提供商向顾客提供回馈并提高努力水平，会消耗自身一定的成本，必将降低其自身收益。此时，如果农产品物流服务集成商愿意通过提供自身收益的一部分来补偿农产品物流服务功能提供商的损失，那么农产品物流服务功能提供商便可以获得一部分额外的收益，进一步促进其实施回馈契约。在传统收益共享契约中，决策变量往往包含两个，即供应链下游成员提供给上游成员的收益共享份额和上下游成员间的批发价格，本章在研究过程中，关于收益共享契约仅考虑收益共享份额参数。因此，在直接回馈—收入共享契约中，决策变量主要有三个：农产品物流服务功能提供商给予顾客的单位物流服务能力回馈（R）、农产品物流服务功能提供商为提供顾客物流服务质量所付出的努力水平（e）和农产品物流服务集成商向农产品物流服务功能提供商提供的收益共享份额（ρ_I），其中 $0 < \rho_I < 1$。

直接回馈—收益共享契约中农产品物流服务供应链成员的决策顺序如下。

第一步，物流服务功能商给出分散决策下单位物流服务能力的批发价格 w 和为提高物流服务质量所付出的努力水平 e。

第二步，农产品物流服务集成商根据给定的单位物流服务能力批发价格 w 确定物流服务能力零售价格 p。

第三步，农产品物流服务功能提供商和农产品物流服务集成商共同决策实施直接回馈—收益共享契约，首先，农产品物流服务功能提供商宣布向顾客提供单位物流服务能力回馈为 R，为提高物流服务质量所付出的努力水平为 e；其次，农产品物流服务集成商根据回馈 R 确定给予农产品物流服务功能提供商的收益份额 ρ_I。

此时农产品物流服务功能提供商和农产品物流服务集成商的收益分别为：

$$\pi_F^{drrs} = \begin{cases} (w - c_F - R)[a - b(p_D - R) + \gamma e] - \eta\dfrac{e^2}{2} + \rho_I p_D[a - b(p_D - R) + \gamma e], & \text{线性需求模式} \\[4mm] (w - c_F - R)a(p_D - R)^{-b}e^{\gamma} - \eta\dfrac{e^2}{2} + \rho_I p_D a(p_D - R)^{-b}e^{\gamma}, & \text{弹性需求模式} \end{cases}$$

$$(4.22)$$

$$\pi_I^{drrs} = \begin{cases} [(1 - \rho_I)p_D - w - c_I][a - b(p_D - R) + \gamma e], & \text{线性需求模式} \\[4mm] [(1 - \rho_I)p_D - w - c_I]a(p_D - R)^{-b}e^{\gamma}, & \text{弹性需求模式} \end{cases}$$

$$(4.23)$$

农产品物流服务功能提供商和农产品物流服务集成商进行分散决策下，由式（4.22）和式（4.23）可知，$\pi_F^{drrs} + \pi_I^{drrs} = \pi^{CR}$。因此，当农产品物流服务功能提供商和农产品物流服务集成商的收益分别大于各自分散决策下的收益时，可以实现农产品物流服务供应链的协调，即：

$$\begin{cases} \pi_F^{drrs*} > \pi_F^{D*} \\[3mm] \pi_I^{drrs} > \pi_I^{D*} \end{cases}$$

$$(4.24)$$

将式（4.13）、式（4.14）、式（4.22）和式（4.23）代入式（4.24）进行求解可得：

$$\frac{2b\eta^2[a - b(c_F + c_I)]}{[3\eta a + (b\eta - \gamma^2)(c_F + c_I)](4b\eta - \gamma^2)} > \rho_I > 0 \qquad (4.25)$$

$$\frac{b\eta}{(b-1)\gamma}\left[1 - \left(\frac{b-1}{b}\right)^{-2b/(\gamma-2)}\right] > \frac{b^2}{\gamma(b-1)} \ \rho_I > \left(\frac{\eta}{\gamma} - \frac{\eta}{2}\right)\left(\frac{b-1}{b}\right)^{-2b/(\gamma-2)}$$

$$- \left[\frac{\eta}{(b-1)\gamma} - \frac{\eta}{2}\right] \qquad (4.26)$$

因此，当农产品物流服务集成商在分配给农产品物流服务功能提供商的收益比例 ρ_I 满足式（4.25）和式（4.26）的情况下，其自身保留 $1 - \rho_I$ 的收益份额，相比分散决策下，农产品物流服务集成商仍可获得额外的收益。此时，直接回馈—收入共享契约下农产品物流服务集成商的收益范围为：

$$
\begin{cases}
\dfrac{b\eta^2\left[a-b(c_F+c_I)\right]^2}{(4b\eta-\gamma^2)^2} < \pi_I^{drrs} < \dfrac{b\eta^2\left[a-b(c_F+c_I)\right]^2}{(4b\eta-\gamma^2)(2b\eta-\gamma^2)}, & \text{线性需求模式} \\[4mm]
\dfrac{b\eta}{\gamma(b-1)}\left(\dfrac{b-1}{b}\right)^{-2b/(\gamma-2)}Y < \pi_I^{drrs} < \left(\dfrac{\eta}{\gamma}-\dfrac{\eta}{2}\right)\left[1-\left(\dfrac{b-1}{b}\right)^{-2b/(\gamma-2)}\right]Y, & \text{弹性需求模式} \\[4mm]
Y=\left[\dfrac{\eta(b-1)^{-b+1}}{\gamma a b^{-b}(c_F+c_I)^{-b+1}}\right]^{2/(\gamma-2)}
\end{cases}
$$

$$(4.27)$$

同理，直接回馈—收入共享契约下农产品物流服务功能提供商的收益范围为：

$$
\begin{cases}
\dfrac{\eta\left[a-b(c_F+c_I)\right]^2}{2(4b\eta-\gamma^2)} < \pi_F^{drrs} < \dfrac{\eta(12b^2\eta^2-6b\eta\gamma^2+\gamma^4)b\eta^2\left[a-b(c_F+c_I)\right]^2}{2(4b\eta-\gamma^2)^2(2b\eta-\gamma^2)}, & \text{线性需求模式} \\[4mm]
\left(\dfrac{\eta}{\gamma}-\dfrac{\eta}{2}\right)\left(\dfrac{b-1}{b}\right)^{-2b/(\gamma-2)}Y < \pi_F^{drrs} < \left[\dfrac{\eta}{\gamma}-\dfrac{\eta}{2}-\dfrac{b\eta}{\gamma(b-1)}\left(\dfrac{b-1}{b}\right)^{-2b/(\gamma-2)}\right]Y, & \text{弹性需求模式} \\[4mm]
Y=\left[\dfrac{\eta(b-1)^{-b+1}}{\gamma a b^{-b}(c_F+c_I)^{-b+1}}\right]^{2/(\gamma-2)}
\end{cases}
$$

$$(4.28)$$

由此，相比分散决策下，可以得出农产品物流服务功能提供商和农产品物流服务集成商在直接回馈—收入共享契约下增加的收益份额，即

$$\Delta\pi_I^{drrs}=\dfrac{2b^2\eta^3\left[a-b(c_F+c_I)^2\right]}{(4b\eta-\gamma^2)^2(2b\eta-\gamma^2)} \tag{4.29}$$

$$\Delta\pi_F^{drrs}=\left\{\left(\dfrac{\eta}{\gamma}-\dfrac{\eta}{2}\right)+\left[\dfrac{\eta}{2}-\dfrac{(2b-1)\eta}{\gamma(b-1)}\right]\left(\dfrac{b-1}{b}\right)^{-2b/(\gamma-2)}\right\}Y \tag{4.30}$$

由以上求解过程可以看出，农产品物流服务功能提供商和农产品物流服务集成商收益的增加取决于式（4.25）和式（4.26）确定的收益共享因子 ρ_I 的大小，ρ_I 代表了农产品物流服务功能提供商和农产品物流服务集成商的讨价还价能力，在实现农产品物流服务供应链协调的基础上，通过调整收益共享因子 ρ_I 的大小，农产品物流服务功能提供商和农产品物流服务集成商可以对农产品物流服务供应链整体收益进行任意分配，这体现了农产品物流服务供应链的柔性。因此，得出以下命题。

命题 4 - 4：直接回馈—收益共享契约可以实现农产品物流服务供应链

的协调，此时农产品物流服务功能提供商和集成商之间的收益共享因子满足以下条件，即

$$
\begin{cases}
\dfrac{2b\eta^2\left[a-b(c_F+c_I)\right]}{\left[3\eta a+(b\eta-\gamma^2)(c_F+c_I)\right](4b\eta-\gamma^2)}>\rho_I>0, & \text{线性需求} \\[4mm]
\dfrac{b\eta}{(b-1)\gamma}\left[1-\left(\dfrac{b-1}{b}\right)^{-2b/(\gamma-2)}\right]>\dfrac{b^2\eta}{\gamma(b-1)}\rho_I \\[4mm]
>\left(\dfrac{\eta}{\gamma}-\dfrac{\eta}{2}\right)\left(\dfrac{b-1}{b}\right)^{-2b/(\gamma-2)}-\left[\dfrac{\eta}{(b-1)\gamma}-\dfrac{\eta}{2}\right], & \text{弹性需求}
\end{cases}
$$

$$(4.31)$$

证明：略，参考以上分析过程。

4.2.3　多层次回馈协调契约

在"农产品物流服务功能提供商——农产品物流服务集成商——顾客"组成的农产品物流服务供应链系统中，根据农产品物流服务功能提供商、农产品物流服务集成商和顾客之间上下游的关系，多层次回馈协调契约（multi-level rebate contract，MLR）主要是在农产品物流服务供应链上下游成员之间，上游成员通过价格折扣的方式直接向直属下游成员提供回馈，即农产品物流服务功能提供商通过一定的批发价格折扣向农产品物流服务集成商提供回馈，农产品物流服务集成商则通过零售价格折扣向顾客提供回馈，从而达到刺激顾客需求的目的。

多层次回馈协调契约的基本思想是：农产品物流服务集成商通过向顾客提供一定的零售价格折扣可以刺激顾客需求的增加，但由于零售价格下降，其自身收益也随之降低。反之，由于顾客需求的增加，上游农产品物流服务功能提供商的收益则会显著增加。此时，如果农产品物流服务功能提供商通过批发价格折扣补偿农产品物流服务集成商由于价格下降所造成的损失，促使农产品物流服务集成商提高收益，那么将会进一步促进农产品物流服务集成商采取回馈契约，即向顾客提供零售价格折扣。因此，在供应链上下游成员之间采取回馈契约以后，本节关注的核心问题是多层次

的回馈机制是否能够实现农产品物流服务供应链的协调，通过确定合理的参数取值范围，使农产品物流服务供应链系统实现协调，实现供应链成员间的双赢。

多层次回馈契约中农产品物流服务供应链成员的决策顺序如下。

第一步，农产品物流服务功能提供商首先公布给予农产品物流服务集成商的批发价格 w 和为提高物流服务质量所付出的努力水平 e。

第二步，农产品物流服务集成商根据给定的单位物流服务能力批发价格 w 确定物流服务能力零售价格 p。

第三步，农产品物流服务功能提供商和农产品物流服务集成商达成战略合作协议，同意实施多层次回馈契约，即上游成员向下游成员提供价格折扣 (kw,R)，$0<k<1$。此时，农产品物流服务功能提供商向农产品物流服务集成商提供的单位物流服务能力批发价格为 kw，农产品物流服务集成商给予顾客的单位物流服务能力回馈为 R。

在多层次回馈协调契约中，农产品物流服务功能提供商和农产品物流服务集成商首先在保证自身收益最大化的情况下公布批发价格和零售价格，即与分散决策时相同。其次，当农产品物流服务功能提供商和农产品物流服务集成商达成战略合作协议实施回馈契约时，农产品物流服务功能提供商将降低批发价格（kw），但无论顾客所获得的单位物流服务能力回馈是来自农产品物流服务集成商还是农产品物流服务功能提供商，其达到协调状态下所接受的最优努力水平 e 和单位回馈 R 仍与集中决策下相等。此时农产品物流服务功能提供商和农产品物流服务集成商的收益函数分别为：

$$\pi_F^{mlr} = \begin{cases} (kw-c_F)\left[a-b(p_D-R)+\gamma e\right] - \eta \dfrac{e^2}{2}, & \text{线性需求模式} \\[2ex] (kw-c_F)a(p_D-R)^{-b}e^{\gamma} - \eta \dfrac{e^2}{2}, & \text{弹性需求模式} \end{cases}$$

$$(4.32)$$

$$\pi_I^{mlr} = \begin{cases} (p_D-kw-c_I-R)\left[a-b(p_D-R)+\gamma e\right], & \text{线性需求模式} \\[2ex] (p_D-kw-c_I-R)a(p_D-R)^{-b}e^{\gamma}, & \text{弹性需求模式} \end{cases}$$

$$(4.33)$$

在多层次回馈契约下，农产品物流服务供应链实现协调需满足以下条件：农产品物流服务功能提供商和农产品物流服务集成商之和需等于集中决策下农产品物流服务供应链整体收益，且农产品物流服务功能提供商和农产品物流服务集成商各自的收益均大于分散决策下收益，即：

$$\begin{cases} \pi_F^{mlr} + \pi_I^{mlr} = \pi^{CR} \\ \pi_F^{mlr} > \pi_F^D \\ \pi_I^{mlr} > \pi_I^D \end{cases} \tag{4.34}$$

由式（4.34）可以求得线性需求和弹性需求下价格折扣因子 k 分别满足以下条件：

$$1 - \frac{2\eta(2b^2\eta^2 - 4b\eta\gamma^2 + \gamma^4)\left[a - b(c_F + c_I)\right]}{(2b\eta - \gamma^2)(4b\eta - \gamma^2)\left[2\eta a - 2b\eta c_I + (2b\eta - \gamma^2)c_F\right]} > k$$
$$> 1 - \frac{2\eta(b\eta - \gamma^2)\left[a - b(c_F + c_I)\right]}{(2b\eta - \gamma^2)\left[2\eta a - 2b\eta c_I + (2b\eta - \gamma^2)c_F\right]} \tag{4.35}$$

$$\frac{c_F + c_I}{bc_F + c_I}\left[\frac{\eta}{\gamma} + \frac{c_F\eta(b-1)}{\gamma(c_F + c_I)} - \frac{b\eta}{(b-1)\gamma}\left(\frac{b-1}{b}\right)^{-2b/(\gamma-2)}\right] > \frac{\eta}{\gamma}k$$
$$> \frac{c_F + c_I}{bc_F + c_I}\left[\left(\frac{\eta}{\gamma} - \frac{\eta}{2}\right)\left(\frac{b-1}{b}\right)^{2b/(\gamma-2)} + \frac{\eta}{2} - \frac{2\eta}{\gamma(b-1)} + \frac{\eta c_F(b-1)}{\gamma(c_F + c_I)}\right] \tag{4.36}$$

同4.2.2节，可以分别求得多层次回馈协调契约下农产品物流服务功能提供商和农产品物流服务集成商的收益范围，分别如式（4.37）和式（4.38）所示：

$$\begin{cases} \dfrac{\eta\left[a - b(c_F + c_I)\right]^2}{2(4b\eta - \gamma^2)} < \pi_F^{mlr} < \dfrac{\eta(12b^2\eta^2 - 6b\eta\gamma^2 + \gamma^4)\left[a - b(c_F + c_I)\right]^2}{2(4b\eta - \gamma^2)^2(2b\eta - \gamma^2)}, \qquad \text{线性需求模式} \\ \left(\dfrac{\eta}{\gamma} - \dfrac{\eta}{2}\right)\left(\dfrac{b-1}{b}\right)^{-2b/(\gamma-2)}Y < \pi_F^{mlr} < \left[\dfrac{\eta}{\gamma} - \dfrac{\eta}{2} - \dfrac{b\eta}{\gamma(b-1)}\left(\dfrac{b-1}{b}\right)^{-2b/(\gamma-2)}\right]Y, \quad \text{弹性需求模式} \\ Y = \left[\dfrac{\eta(b-1)^{-b+1}}{\gamma ab^{-b}(c_F + c_I)^{-b+1}}\right]^{2/(\gamma-2)} \end{cases}$$

$$\tag{4.37}$$

$$
\begin{cases}
\dfrac{b\eta^2\left[a-b(c_F+c_I)\right]^2}{(4b\eta-\gamma^2)^2} < \pi_I^{mlr} < \dfrac{b\eta^2\left[a-b(c_F+c_I)\right]^2}{(4b\eta-\gamma^2)(2b\eta-\gamma^2)}, & \text{线性需求模式} \\[4mm]
\dfrac{b\eta}{\gamma(b-1)}\left(\dfrac{b-1}{b}\right)^{-2b/(\gamma-2)}Y < \pi_I^{mlr} < \left(\dfrac{\eta}{\gamma}-\dfrac{\eta}{2}\right)\left[1-\left(\dfrac{b-1}{b}\right)^{-2b/(\gamma-2)}\right]Y, & \text{弹性需求模式} \\[4mm]
Y=\left[\dfrac{\eta(b-1)^{-b+1}}{\gamma ab^{-b}(c_F+c_I)^{-b+1}}\right]^{2/(\gamma-2)}
\end{cases}
$$

$$(4.38)$$

由此，相比分散决策，可以得出农产品物流服务功能提供商和农产品物流服务集成商在多层次回馈协调契约下增加的收益份额为：

$$
\Delta\pi_F^{mlr} = \left\{\left(\dfrac{\eta}{\gamma}-\dfrac{\eta}{2}\right)+\left[\dfrac{\eta}{2}-\dfrac{(2b-1)\eta}{\gamma(b-1)}\right]\left(\dfrac{b-1}{b}\right)^{-2b/(\gamma-2)}\right\}Y \quad (4.39)
$$

$$
\Delta\pi_I^{mlr} = \dfrac{2b^2\eta^3\left[a-b(c_F+c_I)^2\right]}{(4b\eta-\gamma^2)^2(2b\eta-\gamma^2)} \quad (4.40)
$$

由以上分析，得出命题 4−5。

命题 4−5： 多层次回馈契约可以实现农产品物流服务供应链的协调，此时农产品物流服务功能提供商给予农产品物流服务集成商的批发价格折扣因子满足以下条件：

$$
\begin{cases}
1-\dfrac{2\eta(2b^2\eta^2-4b\eta\gamma^2+\gamma^4)\left[a-b(c_F+c_I)\right]}{(2b\eta-\gamma^2)(4b\eta-\gamma^2)\left[2\eta a-2b\eta c_I+(2b\eta-\gamma^2)c_F\right]} > k > \\[4mm]
\qquad 1-\dfrac{2\eta(b\eta-\gamma^2)\left[a-b(c_F+c_I)\right]}{(2b\eta-\gamma^2)\left[2\eta a-2b\eta c_I+(2b\eta-\gamma^2)c_F\right]}, & \text{线性需求} \\[4mm]
\dfrac{c_F+c_I}{bc_F+c_I}\left[\dfrac{\eta}{\gamma}+\dfrac{c_F\eta(b-1)}{\gamma(c_F+c_I)}-\dfrac{b\eta}{(b-1)\gamma}\left(\dfrac{b-1}{b}\right)^{-2b/(\gamma-2)}\right] > \dfrac{\eta}{\gamma}k > \\[4mm]
\dfrac{c_F+c_I}{bc_F+c_I}\left[\left(\dfrac{\eta}{\gamma}-\dfrac{\eta}{2}\right)\left(\dfrac{b-1}{b}\right)^{2b/(\gamma-2)}+\dfrac{\eta}{2}-\dfrac{2\eta}{\gamma(b-1)}+\dfrac{\eta c_F(b-1)}{\gamma(c_F+c_I)}\right] & \text{弹性需求}
\end{cases}
$$

证明：略，参考以上分析过程。

4.2.4 直接回馈—努力水平共享协调契约

在"农产品物流服务功能提供商——农产品物流服务集成商——顾

客"组成的农产品物流服务供应链系统中，直接回馈—努力水平共享协调契约主要是指在农产品物流服务供应链上下游成员之间，最优回馈和努力水平均由农产品物流服务功能提供商决定，而农产品物流服务集成商采用直接或间接的方式分担农产品物流服务功能提供商一部分的努力成本，由此形成的一种协调形式。

直接回馈—努力水平共享协调契约的基本思想是：如果农产品物流服务功能提供商给予顾客一定的回馈，并愿意为提高物流服务质量付出最佳努力水平，将刺激顾客对物流服务需求的增加，但此时农产品物流服务功能提供商由于提供回馈和提高服务质量通常会增加一定的成本投入，导致自身有效利润的下降。反之，农产品物流服务供应链下游成员农产品物流服务集成商由于顾客对物流服务需求的增加，会获得更多的收益。此时，如果农产品物流服务集成商能够采用某种形式分摊农产品物流服务功能提供商一部分最优努力成本，并且能够诱使农产品物流服务功能提供商获得高于分散决策下的最佳收益，那么农产品物流服务功能提供商便会有效实施直接回馈—努力水平共享协调契约，从而实现农产品物流服务功能提供商和农产品物流服务集成商的双赢。

直接回馈—努力水平共享协调契约中农产品物流服务供应链成员的决策顺序如下。

第一步，农产品物流服务功能提供商首先公布给予农产品物流服务集成商的批发价格 w 和为提高物流服务质量所付出的努力水平 e。

第二步，农产品物流服务集成商根据给定的单位物流服务能力批发价格 w 确定物流服务能力零售价格 p。

第三步，农产品物流服务功能提供商和农产品物流服务集成商共同实施直接回馈—努力水平共享契约，首先，由农产品物流服务功能提供商宣布给予顾客的单位物流服务能力回馈 R 和为提高物流服务质量所付出的努力水平 e^*；其次，农产品物流服务集成商基于 R 和 e^* 确定给予农产品物流服务功能提供商的努力成本分摊份额 α。

农产品物流服务功能提供商和农产品物流服务集成商的收益函数分

别为：

$$\pi_F^{dres} = \begin{cases} (w - c_F - R)\left[a - b(p_D - R) + \gamma e\right] - (1 - \alpha)\eta\,\dfrac{e^2}{2}, & \text{线性需求模式} \\[3mm] (w - c_F - R)a(p_D - R)^{-b}e^{\gamma} - (1 - \alpha)\eta\,\dfrac{e^2}{2}, & \text{弹性需求模式} \end{cases}$$

$$(4.41)$$

$$\pi_I^{dres} = \begin{cases} (p_D - w - c_I)\left[a - b(p_D - R) + \gamma e\right] - \alpha\eta\,\dfrac{e^2}{2}, & \text{线性需求模式} \\[3mm] (p_D - w - c_I)a(p_D - R)^{-b}e^{\gamma} - \alpha\eta\,\dfrac{e^2}{2}, & \text{弹性需求模式} \end{cases}$$

$$(4.42)$$

在直接回馈—努力水平共享契约下，农产品物流服务供应链实现协调需满足以下条件：农产品物流服务功能提供商和农产品物流服务集成商之和需等于集中决策下农产品物流服务供应链整体收益，且农产品物流服务功能提供商和农产品物流服务集成商各自的收益均大于分散决策下收益，即：

$$\begin{cases} \pi_F^{dres} + \pi_I^{dres} = \pi^{CR} \\[2mm] \pi_F^{dres} > \pi_F^{D} \\[2mm] \pi_I^{dres} > \pi_I^{D} \end{cases}$$

$$(4.43)$$

由式（4.43）可知线性需求下努力成本共担因子 α 满足以下条件：

$$0 < \alpha < \frac{4b^2\eta^2(2b\eta - \gamma^2)}{\gamma^2(4b\eta - \gamma^2)^2}$$

$$(4.44)$$

同 4.2.2 节，可以分别求得线性需求模式下，农产品物流服务功能提供商和农产品物流服务集成商实施直接回馈—努力水平共享契约时的收益范围，如式（4.45）所示：

$$\begin{cases} \dfrac{\eta\left[a - b(c_F + c_I)\right]^2}{2(4b\eta - \gamma^2)} < \pi_F^{dres} < \dfrac{\eta(12b^2\eta^2 - 6b\eta\gamma^2 + \gamma^4)\left[a - b(c_F + c_I)\right]^2}{2(4b\eta - \gamma^2)^2(2b\eta - \gamma^2)}, \\[5mm] \dfrac{b\eta^2\left[a - b(c_F + c_I)\right]^2}{(4b\eta - \gamma^2)^2} < \pi_I^{dres} < \dfrac{b\eta^2\left[a - b(c_F + c_I)\right]^2}{(4b\eta - \gamma^2)(2b\eta - \gamma^2)} \end{cases}$$

$$(4.45)$$

此时，在线性需求模式下，相比分散决策下，农产品物流服务功能提供商和农产品物流服务集成商在实施直接回馈—努力水平共享契约时增加的收益份额为：

$$\Delta \pi_F^{dres} = \Delta \pi_I^{dres} = \frac{2b^2\eta^3 \left[a - b(c_F + c_I)^2 \right]}{(4b\eta - \gamma^2)^2 (2b\eta - \gamma^2)} \tag{4.46}$$

另外，当 $\alpha = 0$ 时，农产品物流服务功能提供商收益为：

$$\Delta \pi_F^{dres} = (w - c_F - R) \left[a - b(p_D - R) + \gamma e \right] - (1 - \alpha)\eta \frac{e^2}{2}$$

$$= \frac{\eta \left[a - b(c_F + c_I) \right]^2}{2(4b\eta - \gamma^2)}$$

即在线性需求模式下，若农产品物流服务集成商不分摊农产品物流服务功能提供商的努力成本，农产品物流服务功能提供商获得的收益与分散决策下相同。

而在弹性需求模式下，由式（4.43）可知，当 $\alpha = 1$ 时，农产品物流服务功能提供商的收益函数为 $\Delta \pi_F^{dres} = (w - c_F - R)a(p_D - R)^{-b}e^{\gamma}$，由于 $w - c_F - R = \frac{-(c_F + c_I)}{(b-1)^2} < 0$，即 $\alpha \leqslant 1$ 时，始终有 $\pi_F^{dres} < 0$。因此，在弹性需求模式下，即使农产品物流服务集成商能够分摊农产品物流服务功能提供商所有的努力成本，直接回馈—努力水平共享契约仍不能实现农产品物流服务供应链的协调。

根据上述分析，得出命题 4-6。

命题 4-6：（1）线性需求模式下，直接回馈—努力水平共享契约能够实现农产品物流服务供应链的协调，农产品物流服务集成商的努力成本共担因子满足 $0 \leqslant \alpha < \frac{4b^2\eta^2(2b\eta - \gamma^2)}{\gamma^2(4b\eta - \gamma^2)^2}$；当 $\alpha = 0$ 时，农产品物流服务集成商并不分摊农产品物流服务功能提供商的努力成本，农产品物流服务集成商将获得农产品物流服务功能提供商由于付出回馈和努力导致的刺激顾客需求增加带来的全部收益。

（2）弹性需求模式下，直接回馈—努力水平共享契约并不能实现农产品物流服务供应链的协调。

证明：略，参考以上分析过程。

4.3 算例分析

本节采用算例分析对随机需求下的农产品物流服务供应链进行模拟，对上述求解结果进行验证，参数取值依旧参考德米拉格和斯旺（2007）的研究，相关参数取值与基本模型中一致。

线性需求模式下，相关参数取值如下：$a = 200$，$b = 0.8$，$\gamma = 0.3$，$\eta = 0.2$，$c_F = 50$，$c_I = 10$。

弹性需求模式下，相关参数取值如下：$a = 500$，$b = 1.8$，$\gamma = 1.4$，$\eta = 0.4$，$c_F = 20$，$c_I = 5$。

1. 直接回馈—收益共享契约下农产品物流服务供应链的协调

线性需求模式下，当农产品物流服务功能提供商和农产品物流服务集成商采取直接回馈—收益共享契约时，则农产品物流服务功能提供商关于物流服务能力的批发价格 $w = 160.12$，努力水平 $e = 82.90$，给予顾客的单位物流服务能力回馈 $R = 33.64$，农产品物流服务集成商物流服务能力零售价格 $p = 225.81$。

由式（4.25）求得农产品物流服务功能提供商和农产品物流服务集成商的收益共享因子 ρ_I 的取值范围为 $0 < \rho_I < 0.14$，可以得出不同收益共享因子下农产品物流服务供应链各成员的收益（见表4-4和图4-2）。

表4-4 　　　　　　　　　DRRS 契约线性需求农产品 LSSC 协调

ρ_I	π_F^{drrs}	π_I^{drrs}	$\pi_I^{drrs} + \pi_F^{drrs}$	$\pi_F^{drrs} / \pi_I^{drrs}$
0.00	4753.09	5292.12	10045.21	0.90
0.02	5074.35	4970.86	10045.21	1.02
0.04	5395.60	4649.61	10045.21	1.16

ρ_I	π_F^{drrs}	π_I^{drrs}	$\pi_I^{drrs} + \pi_F^{drrs}$	$\pi_F^{drrs} / \pi_I^{drrs}$
0.06	5716.86	4328.35	10045.21	1.32
0.08	6038.11	4007.10	10045.21	1.51
0.10	6359.37	3685.84	10045.21	1.73
0.12	6680.62	3364.59	10045.21	1.99
0.14	7001.88	3043.33	10045.21	2.30

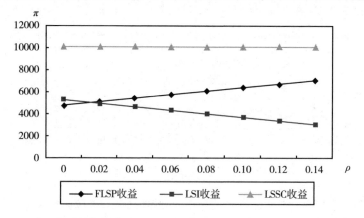

图 4 – 2　收益共享因子对 DRRS 线性需求下农产品 LSSC 收益的影响

弹性需求模式下，由式（4.26）求得农产品物流服务功能提供商和农产品物流服务集成商的收益共享因子 ρ_I 的取值范围为 $0.48 < \rho_I < 0.55$。可以得出，弹性需求模式下农产品物流服务供应链成员在不同收益共享因子下的收益（见表 4 – 5 和图 4 – 3）。

表 4 – 5　　　　　　　　DRRS 契约弹性需求农产品 LSSC 协调

ρ_I	π_F^{drrs}	π_I^{drrs}	$\pi_I^{drrs} + \pi_F^{drrs}$
0.48	1285.09	16633.62	17918.71
0.49	1672.59	16246.12	17918.71
0.50	2447.59	15471.13	17918.71
0.51	3222.58	14696.13	17918.71
0.52	3997.58	13921.13	17918.71
0.53	4772.58	13146.13	17918.71
0.54	5547.58	12371.13	17918.71
0.55	6322.59	11596.13	17918.71

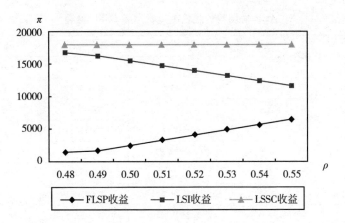

图 4 – 3   收益共享因子对 DRRS 弹性需求下农产品 LSSC 收益的影响

基于上述分析，无论是线性需求还是弹性需求下，直接回馈—收益共享契约中的收益共享因子均可以实现农产品物流服务供应链的协调。在收益共享因子的取值范围内，农产品物流服务功能提供商收益随收益共享因子的增加而增加，农产品物流服务集成商收益则随收益共享因子的增加而减少。因此，农产品物流服务功能提供商和农产品物流服务集成商可以通过调节收益共享因子实现对农产品物流服务供应链收益的任意分配，为农产品物流服务功能提供商和农产品物流服务集成商通过协商获取特定收益提供了决策依据，也体现了直接回馈—收益共享契约下农产品物流服务供应链的柔性。

2. 多层次回馈协调契约

求解过程同直接回馈—收益共享契约下类似，以下直接给出相关参数的求解结果。

线性需求模式下，农产品物流服务功能提供商给予农产品物流服务集成商的批发价格折扣因子 k 的取值范围为 $0.79 \leqslant k \leqslant 0.99$，由此得出，不同折扣因子下农产品物流服务供应链成员的收益（见表 4 – 6 和图 4 – 4）。

表 4-6　　　　　　　　MLR 协调契约线性需求农产品 LSSC 协调

k	π_F^{mlr}	π_I^{mlr}	$\pi_I^{mlr} + \pi_F^{mlr}$	$\pi_F^{mlr} / \pi_I^{mlr}$
0.79	4754.14	5291.07	10045.21	0.90
0.81	4981.94	5063.27	10045.21	0.98
0.83	5209.74	4835.47	10045.21	1.08
0.85	5437.54	4607.67	10045.21	1.18
0.87	5665.34	4379.87	10045.21	1.29
0.89	5893.14	4152.07	10045.21	1.42
0.91	6120.94	3924.27	10045.21	1.56
0.93	6348.74	3696.47	10045.21	1.72
0.95	6576.54	3468.67	10045.21	1.90
0.97	6804.34	3240.87	10045.21	2.10
0.99	7032.14	3013.07	10045.21	2.33

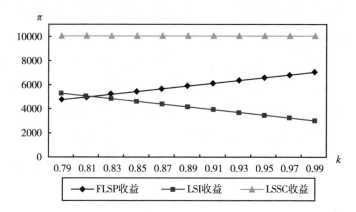

图 4-4　折扣因子对 MLR 线性需求下农产品 LSSC 收益的影响

　　弹性需求模式下，农产品物流服务功能提供商给予农产品物流服务集成商的批发价格折扣因子 k 的取值范围为 $0.82 \leqslant k \leqslant 0.99$，由此得出，不同折扣因子下农产品物流服务供应链成员的收益（见表 4-7 和图 4-5）。

表 4-7　　　　　　　　MLR 协调契约弹性需求农产品 LSSC 协调

k	π_F^{mlr}	π_I^{mlr}	$\pi_I^{mlr} + \pi_F^{mlr}$	$\pi_F^{mlr} / \pi_I^{mlr}$
0.82	907.15	17011.56	17918.71	0.05
0.84	2693.73	15224.98	17918.71	0.18

续表

k	π_F^{mlr}	π_I^{mlr}	$\pi_I^{mlr} + \pi_F^{mlr}$	$\pi_F^{mlr} / \pi_I^{mlr}$
0.86	4480.30	13438.41	17918.71	0.33
0.88	6266.87	11651.84	17918.71	0.54
0.90	8053.45	9865.26	17918.71	0.82
0.92	9840.02	8078.69	17918.71	1.22
0.94	11626.59	6269.12	17918.71	1.85
0.96	13413.16	4505.55	17918.71	2.98
0.98	15199.74	2718.97	17918.71	5.59
1.00	16093.02	1825.69	17918.71	8.81

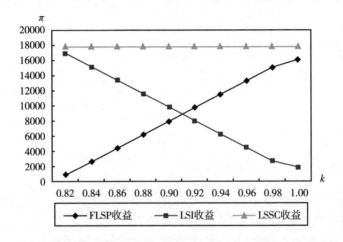

图 4 – 5　折扣因子对 MLR 弹性需求下农产品 LSSC 收益的影响

　　基于上述分析，无论是线性需求还是弹性需求下，多层次回馈协调契约仍可以实现农产品物流服务供应链的协调。在批发价格折扣因子的取值范围内，农产品物流服务功能提供商收益随批发价格折扣因子的增加而增加，农产品物流服务集成商收益则随批发价格折扣因子的增加而减少。农产品物流服务功能提供商和农产品物流服务集成商可以通过调节批发价格折扣因子来实现对农产品物流服务供应链收益的任意分配，为农产品物流服务功能提供商和农产品物流服务集成商通过协商获取特定收益提供了决策依据，同样体现了多层次回馈协调契约下农产品物流服务供应链的柔性。

3. 直接回馈—努力水平共享契约

求解过程同直接回馈—收益共享契约下类似，以下直接给出相关参数的求解结果。

线性需求模式下，农产品物流服务集成商给予农产品物流服务功能提供商的努力成本分摊因子 α 的取值范围为 $0 \leqslant \alpha \leqslant 0.14$，由此得出不同成本分摊因子下农产品物流服务供应链成员的收益（见表 4-8 和图 4-6）。

表 4-8　　　　　DR&ES 协调契约线性需求农产品 LSSC 协调

α	π_F^{dres}	π_I^{dres}	$\pi_I^{dres} + \pi_F^{dres}$	$\pi_F^{dres} / \pi_I^{dres}$
0.00	4200.07	5845.14	10045.21	0.72
0.02	4643.14	5402.07	10045.21	0.86
0.04	5086.22	4958.99	10045.21	1.03
0.06	5529.29	4515.92	10045.21	1.22
0.08	5972.36	4072.85	10045.21	1.47
0.10	6415.44	3629.77	10045.21	1.77
0.12	6858.51	3186.70	10045.21	2.15
0.14	7301.58	2743.63	10045.21	2.66

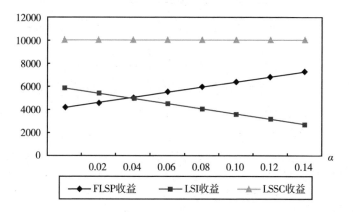

图 4-6　成本分摊因子对 DR&RS 线性需求下农产品 LSSC 收益的影响

上述结果表明，直接回馈—努力水平共享契约仅可以在线性需求模式下实现农产品物流服务供应链的协调，在弹性需求模式下并不能实现协调。在成本分摊因子的取值范围内，农产品物流服务功能提供商收益随成本分摊因子的增加而增加，农产品物流服务集成商收益则随成本分摊因子的增加而减少。同样，农产品物流服务功能提供商和农产品物流服务集成商可以通过调节成本分摊因子来实现对农产品物流服务供应链收益的任意分配。

4. 不同协调契约之间的对比分析

由上述分析可知，在线性需求模式下，直接回馈—收益共享协调契约、多层次回馈协调契约、直接回馈—努力水平共享协调契约均可以通过设置合理的参数取值，使农产品物流服务功能提供商能够享受不同协调契约带来的收益，避免农产品物流服务功能提供商采取回馈契约带来的农产品物流服务供应链收益都被农产品物流服务集成商享有。但在弹性需求模式下，直接回馈—收益共享协调契约、多层次回馈协调契约可以实现农产品物流服务供应链的协调，而直接回馈—努力水平共享协调契约并不能实现农产品物流服务供应链的协调。

在线性需求模式下，不同协调契约下农产品物流服务功能提供商和农产品物流服务集成商之间的收益比如图 4-7 至图 4-9 所示。可以看出，农产品物流服务功能提供商和农产品物流服务集成商收益之比均随着相关参数取值的增加而增加，通过对比发现，在多层次回馈协调契约下，农产品物流服务集成商有机会获得实施契约所带来的更多收益，在此契约下，随着批发价格折扣因子 k 的增幅变化，农产品物流服务功能提供商和农产品物流服务集成商收益之比，小于直接回馈—收益共享契约和直接回馈—努力水平共享契约下农产品物流服务功能提供商和农产品物流服务集成商收益之比。在以农产品物流服务功能提供商为主导者的农产品物流服务供应链中，农产品物流服务功能提供商为实现自身收益最大化，希望自身能够分享实施契约所带来的更多收益，因此，在线性需求模式下，农产品物流服务功能提供商更倾向于采取直接回馈—收益共享契约和直接回馈—努力水平共享契约，而农产品物流服务集成商更倾向于多层次回馈协调契约。

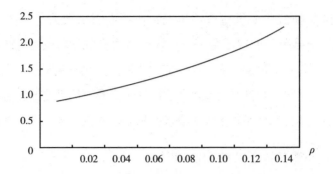

图 4 – 7　DRRS 协调契约线性需求模式下 FLSP 和 LSI 收益之比

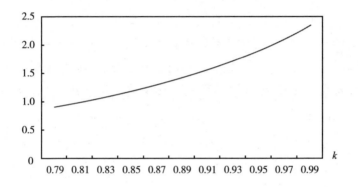

图 4 – 8　MLR 协调契约线性需求模式下 FLSP 和 LSI 收益之比

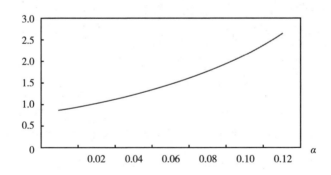

图 4 – 9　DRES 协调契约线性需求下 FLSP 和 LSI 收益之比

对于弹性需求模式而言，直接回馈—收益共享协调契约和多层次回馈协调契约下农产品物流服务功能提供商和农产品物流服务集成商之间的收益比如图 4 – 10 和图 4 – 11 所示。可以看出，农产品物流服务功能提供商和集成物流服务功能提供商均有机会获得采取契约带来的额外收益，但随着相关参数取值的增加，农产品物流服务功能提供商获得的收益份额越来越大，即农产品物流服务功能提供商有机会获得比农产品物流服务集成商更高的利润。另外，在以农产品物流服务功能提供商为主导者的农产品物流服务供应链中，从图 4 – 11 中可以看出，多层次回馈协调契约下，农产品物流服务功能提供商获取额外收益的增长比率明显高于直接回馈—收益共享协调契约下的增长率。因此，在弹性需求模式下，农产品物流服务功能提供商为获得更高的利润，更倾向于采取多层次回馈协调契约。

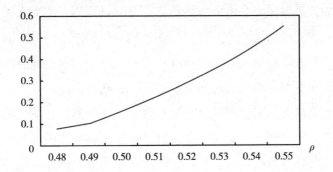

图 4 – 10　DRRS 协调契约弹性需求模式下 FLSP 和 LSI 收益之比

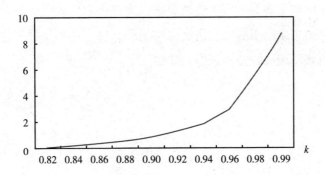

图 4 – 11　MLR 协调契约弹性需求模式下 FLSP 和 LSI 收益之比

4.4　本章小结

本章主要针对顾客物流服务需求不确定的现象，分别研究了线性需求和弹性需求两种需求模式不确定条件下的农产品物流服务供应链协调问题，结合供应链中的收益共享、价格折扣和努力成本分摊契约，提出了三种新的协调机制，即直接回馈—收益共享协调契约、多层次回馈协调契约和直接回馈—努力水平共享协调契约，在这三种协调机制下，农产品物流服务功能提供商和农产品物流服务集成商均有机会获得额外的收益。

通过本章的研究，得出以下结论：第一，无论是在线性需求模式还是弹性需求模式下，直接回馈—收益共享协调契约、多层次回馈协调契约均可以实现农产品物流服务供应链的协调，而直接回馈—努力水平共享协调契约仅能实现线性需求模式下农产品物流服务供应链的协调，不能实现弹性需求模式下农产品物流服务供应链的协调。第二，在合理的参数取值范围内，随着相关参数取值的增加，农产品物流服务功能提供商获得额外收益的机会越来越大，而农产品物流服务集成商获得额外收益的机会越来越小，即农产品物流服务功能提供商和农产品物流服务集成商收益比越来越大。第三，线性需求模式下，农产品物流服务功能提供商更倾向于直接回馈—收益共享协调契约和直接回馈—努力水平共享契约，而农产品物流服务集成商更倾向于多层次回馈协调契约；弹性需求模式下，农产品物流服务功能提供商更倾向于多层次回馈协调契约，农产品物流服务集成商更倾向于采取直接回馈—收益共享协调契约。

第5章

产出和需求同时随机下的农产品物流服务供应链协调

在物流服务行业的管理过程中，通常会同时存在两种现象：一是顾客物流服务需求往往难以精准预测，存在高度的不确定性；二是农产品物流服务功能提供商所能够提供的物流服务能力通常也具有不确定性。例如，张成堂等（2013）以农产品物流企业为例，研究了需求随机且考虑缺货或滞销成本时的供应商、零售商、第三方物流服务商组成的三级供应链的博弈关系及利润分配问题，研究发现分散决策模式下供应链整体利润及第三方的服务质量都比较低，运用纳什协商利润分配可以在第三方物流服务商提高物流水平的同时实现供应链各个成员利益的提高，形成多方共赢的局面。余和肖（Yu & Xiao，2017）运用博弈论研究了不同权力结构下由一个供应商、一个零售商和一个第三方物流服务商组成的生鲜农产品供应链的定价决策和服务水平决策问题。赵泉午等（2008）研究了完全信息和不完全信息情况下，制造商和第三方物流服务商组成的二级供应链中存在货损货差，第三方物流服务商可以通过提高物流水平降低货损货差，但现有的激励机制不足以刺激第三方物流企业提高物流水平的情况下的供应链协调问题，并通过菜单式供应链契约的设计实现了第三方物流服务商物流水平的提高。

在现实社会中，农产品物流服务通常存在供需不匹配的现象，尤其是当下受新冠疫情影响的背景环境下。基于前两章问题的研究，本章在研究过程中引入现货市场，仍以单一的农产品物流服务功能提供商和单一的农产品物流服务集成商组成的两级农产品物流服务供应链（农产品物流服务供应链）为建模背景，针对产出和需求同时不确定的环境下，研究农产品物流服务供应链协调问题。

5.1 概述

5.1.1 问题描述

由一个面临物流服务能力随机产出的农产品物流服务功能提供商和一个面临物流服务能力需求随机的农产品物流服务集成商所构建的两级农产品物流服务供应链，如图5-1所示。在农产品物流服务集成商采购物流服务能力和农产品物流服务功能提供商投资物流服务能力的过程中，通过博弈理论，研究农产品物流服务集成商和农产品物流服务功能提供商之间的作用关系。本章在研究过程中，考虑到农产品物流服务集成商与终端市场顾客接触较为紧密，比农产品物流服务功能提供商了解更多的终端市场需求，因此，假设农产品物流服务集成商为斯塔克尔伯格博弈模型的领导者，其具有先动优势，农产品物流服务功能提供商为追随者，农产品物流服务集成商作为领导者更希望能够从农产品物流服务功能提供商处柔性采购物流服务能力。关于农产品物流服务功能提供商和农产品物流服务集成商风险中性和完全理性的假设仍与前两章研究相同，即农产品物流服务功

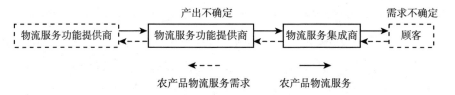

图5-1 产出和需求同时随机下的农产品物流服务供应链

能提供商和农产品物流服务集成商均是依据各自期望利润最大化进行决策分析，且二者之间信息完全对称。

符号说明：

L：农产品物流服务功能提供商所能提供的最大物流服务能力投资储备数量。

ε：农产品物流服务功能提供商关于物流服务能力的随机产出因子，农产品物流服务功能提供商关于物流服务能力的实际产出量为 εL，其中 $\varepsilon \in [a, b]$，$0 \leqslant a \leqslant b \leqslant 1$，$E(\varepsilon) = \mu_1$，由此可知，本书假设农产品物流服务功能提供商关于物流服务能力的产出是随机的，其累计概率密度函数和分布函数分别为 $g(y)$ 和 $G(y)$。

X：农产品物流服务集成商面临的顾客物流服务需求为随机函数，其累计概率密度函数和分布函数分别为 $f(x)$ 和 $F(x)$，$E(x) = \mu_2$，$\overline{F}(x) = 1 - F(x)$。

w：农产品物流服务功能提供商向农产品物流服务集成商提供的单位物流服务能力批发价格。

c_F：农产品物流服务功能提供商单位物流服务能力的投资成本。

c_I：农产品物流服务集成商单位物流服务能力运作成本。

p：农产品物流服务集成商向顾客销售单位物流服务能力的价格，为保证农产品物流服务供应链的整体盈利能力，$p > c_I + c_F/\mu_1$。

s：当农产品物流服务功能提供商所提供的物流服务能力不能满足农产品物流服务集成商采购需求时，农产品物流服务功能提供商从现货市场即其他农产品物流服务功能提供商处采购调度单位物流服务能力的成本，$s > c_F/\mu_1$。

q：农产品物流服务集成商向农产品物流服务功能提供商采购的最小物流服务能力数量。

Q：农产品物流服务集成商向农产品物流服务功能提供商采购的最大物流服务能力数量。

D：农产品物流服务功能提供商向农产品物流服务集成商实际交付的

服务能力数量，$D = \begin{cases} q, & \varepsilon L \leqslant q \\ \varepsilon L, & q < \varepsilon L < Q \\ Q, & \varepsilon L \geqslant Q \end{cases}$。

在本章的研究过程中，假设农产品物流服务集成商采取的是柔性订货策略（flexible ordering policy），即农产品物流服务集成商向农产品物流服务功能提供商采购的物流服务能力数量为(q, Q)。当农产品物流服务功能提供商提供的随机物流服务能力数量小于q时，农产品物流服务功能提供商将从现货市场上，即其他农产品物流服务功能提供商处调度一部分物流服务能力数量，以弥补自身物流服务能力的不足，农产品物流服务集成商接收到的物流服务能力数量为q；当农产品物流服务功能提供商所能够提供的随机物流服务能力数量大于Q时，农产品物流服务集成商接收到的物流服务能力数量为Q；当农产品物流服务功能提供商所能够提供的随机物流服务能力数量介于q和Q之间时，农产品物流服务集成商接收到的物流服务能力数量也介于q和Q之间。

该方法能够有效减少农产品物流服务功能提供商投资储备物流服务能力的不确定性，影响农产品物流服务供应链的绩效，但是会降低农产品物流服务功能提供商的预期收益，本章后续将建立订单惩罚—回馈契约进行协调。假定农产品物流服务集成商为主导者，农产品物流服务功能提供商为追随者，农产品物流服务功能提供商和农产品物流服务集成商的决策顺序如下。

第一步，农产品物流服务集成商确定灵活的采购策略，即向农产品物流服务功能提供商采购的物流服务能力数量为(q, Q)。

第二步，农产品物流服务功能提供商接收到农产品物流服务集成商的采购订单以后，决定能力投资储备量为L，其对应的物流服务能力随机产出数量为εL。当$\varepsilon L < q$时，农产品物流服务功能提供商将从现货市场即其他农产品物流服务功能提供商处调度$q - \varepsilon L$单位的物流服务能力以弥补自身的不足，假设单位物流服务能力调度费用为s；当$\varepsilon L > Q$时，农产品物流服务集成商仅接收Q单位的能力。农产品物流服务功能提供商向农产品物流服务集成商实际交付的服务能力数量，$D = \begin{cases} q, & \varepsilon L \leqslant q \\ \varepsilon L, & q < \varepsilon L < Q \\ Q, & \varepsilon L \geqslant Q \end{cases}$。

第三步，农产品物流服务集成商向顾客提供的物流服务能力数量为 $\min(D, X)$。

5.1.2 集中决策模型

本小节仍然对农产品物流服务供应链集中决策下的模型进行研究，为分散决策和后续协调契约的建立提供基准。农产品物流服务功能提供商和农产品物流服务集成商在做集中决策时，在农产品物流服务功能提供商物流服务能力产出随机和顾客需求随机的情形下，农产品物流服务供应链的核心目标仍然是确定物流服务能力最优投资储备量使得农产品物流服务供应链系统的期望利润最大化。此时，农产品物流服务供应链的期望收益为：

$$
\begin{aligned}
\pi_L^c(q, Q, L) &= E[p\min(D, X) - s(q - \varepsilon L)^+ - c_I D] - c_F L \\
&= p\Big\{ \int_a^{q/L} E[p\min(q, X)]g(y)\mathrm{d}y + \int_{q/L}^{Q/L} E[p\min(yL, X)]g(y)\mathrm{d}y \\
&\quad + \int_{Q/L}^b E[p\min(Q, X)]g(y)\mathrm{d}y \Big\} - s\int_a^{q/L}(q - yL)g(y)\mathrm{d}y \\
&\quad - c_I\Big\{ q\int_a^{q/L} g(y)\mathrm{d}y + L\int_{q/L}^{Q/L} yg(y)\mathrm{d}y + Q\int_{Q/L}^b g(y)\mathrm{d}y \Big\} - c_F L
\end{aligned}
$$

$$(5.1)$$

其中，$E[\min(y, X)] = \int_0^y yf(x)\mathrm{d}x + y\bar{F}(y)$。

集中决策下，农产品物流服务供应链期望收益函数主要由四部分组成：物流服务能力销售收入；当农产品物流服务功能提供商投资储备量小于 q 时，其从现货市场调度物流服务能力的成本；农产品物流服务集成商关于物流服务能力的运作成本和农产品物流服务功能提供商投资储备物流服务能力成本。

进一步简化式（5.1），可得农产品物流服务供应链期望收益函数为：

$$\pi_L^C(q,Q,L) = \int_a^{q/L} \{pE[\min(q,X)] - s(q - yL) - c_I q\} g(y) \mathrm{d}y$$

$$+ \int_{q/L}^{Q/L} \{pE[\min(yL,X)] - c_F yL\} g(y) \mathrm{d}y$$

$$+ \int_{Q/L}^b \{pE[\min(Q,X)] - c_I Q\} g(y) \mathrm{d}y - c_F L \quad (5.2)$$

当 $q = Q$ 时，$D \equiv Q$，即农产品物流服务集成商关于物流服务能力的采购数量不变，将其称为固定订货策略（invariable ordering policy）。此时农产品物流服务供应链的期望收益函数为：

$$\pi_L^{IOP}(Q_I, L_I) = E[p\min(Q_I, X) - s(Q_I - \varepsilon L_I)^+] - c_F L_I - c_I Q_I$$

$$= p\left[\int_0^{Q_I} xf(x)\mathrm{d}(x) + Q_I \bar{F}(Q_I)\right]$$

$$- s\int_a^{Q_I/L_I}(Q_I - yL_I)g(y)\mathrm{d}y - c_F L_I - c_I Q_I \quad (5.3)$$

命题 5 - 1：当 $(q,Q,L) = (\bar{F}^{-1}[(s+c_I)/p], \bar{F}^{-1}(c_F/p), L^C)$ 时，农产品物流服务供应链期望收益取得最优值，L^C 满足以下等式：

$$s\int_a^{q^C/L^C} yg(y)\mathrm{d}y + \int_{q^C/L^C}^{Q^C/L^C}[p\bar{F}(yL^C) - c_I]yg(y)\mathrm{d}y - c_F = 0 \quad (5.4)$$

此时，农产品物流服务供应链的最优期望收益为：

$$\pi_L^{C*} = \pi_L^{C*}(q^C, Q^C, L^C)$$

$$= p\left\{\int_a^{q^C/L^C}\left[\int_0^{q^C} xf(x)\mathrm{d}x\right]g(y)\mathrm{d}y\right.$$

$$+ \int_{q^C/L^C}^{Q^C/L^C}\left[\int_0^{yL^C} xf(x)\mathrm{d}x\right]g(y)\mathrm{d}y + \int_{Q^C/L^C}^b\left[\int_0^{Q^C} xf(x)\mathrm{d}x\right]g(y)\mathrm{d}y\right\}$$

$$\quad (5.5)$$

证明：

对式（5.2）分别关于 q、Q、L 求一阶导数和二阶导数：

$$\frac{\partial \pi_L^C(q,Q,L)}{\partial q} = \int_a^{q/L}[p\bar{F}(q) - (s + c_I)]g(y)\mathrm{d}y$$

$$\frac{\partial \pi_L^C(q,Q,L)}{\partial Q} = \int_{Q/L}^b[p\bar{F}(Q) - c_I]g(y)\mathrm{d}y$$

$$\frac{\partial \pi_L^C(q,Q,L)}{\partial L} = s \int_a^{q/L} yg(y)\mathrm{d}y + \int_{q/L}^{Q/L} [p\overline{F}(yL) - c_I]yg(y)\mathrm{d}y - c_F$$

分别令一阶导数等于 0，即 $\dfrac{\partial \pi_L^C(q,Q,L)}{\partial q} = 0$，$\dfrac{\partial \pi_L^C(q,Q,L)}{\partial Q} = 0$，可以

求得 $q^C = \overline{F}^{-1}(s + c_I)/p$，$Q^C = \overline{F}^{-1}(c_F/p)$。

又由于：

$$\frac{\partial^2 \pi_L^C(q,Q,L)}{\partial q^2}\Big|_{q=q^C} = -p \int_a^{q^C/L} f(q^C)g(y)\mathrm{d}y, -p \int_a^{q^C/L} f(q^C)g(y)\mathrm{d}y \leqslant 0$$

$$\frac{\partial^2 \pi_L^C(q,Q,L)}{\partial Q^2}\Big|_{Q=Q^C} = -p \int_{Q^C/L}^b f(Q^C)g(y)\mathrm{d}y, -p \int_{Q^C/L}^b f(Q^C)g(y)\mathrm{d}y \leqslant 0$$

由拉格朗日函数极值定理可知，对于任意的 $L > 0$，柔性订货策略 (q^C, Q^C) 能够使得农产品物流服务供应链取得最优值。

当 $q = q^C$，$Q = Q^C$ 时，令：

$$K(q^C, Q^C, L) = \frac{\partial \pi_L^C(q^C, Q^C, L)}{\partial L}$$

$$= s \int_a^{q^C/L} yg(y)\mathrm{d}y + \int_{q^C/L}^{Q^C/L} [p\overline{F}(yL) - c_I]yg(y)\mathrm{d}y - c_F$$

则：

$$\frac{\mathrm{d}K(q^C, Q^C, L)}{\mathrm{d}L} = -p \int_{q^C/L}^{Q^C/L} y^2 f(yL)g(y)\mathrm{d}y, -p \int_{q^C/L}^{Q^C/L} y^2 f(yL)g(y)\mathrm{d}y \leqslant 0$$

即农产品物流服务供应链期望收益关于 L 的二阶导函数小于 0。由于 $K(q^C, Q^C, L)$ 是关于 L 的减函数，$K(q^C, Q^C, q^C/b) = s\mu - c_F > 0$ 且 $\lim\limits_{L \to \infty} K(q^C, Q^C, L) = -c_F$，$-c_F < 0$，因此，由拉格朗日中值定理可知，存在唯一的 $L = L^C \in (q^C/b, \infty)$ 使得 $K(q^C, Q^C, L^C) = 0$，即：

$$s \int_a^{q^C/L^C} yg(y)\mathrm{d}y + \int_{q^C/L^C}^{Q^C/L^C} [p\overline{F}(yL^C) - c_I]yg(y)\mathrm{d}y - c_F = 0$$

得证。

当 $q = Q$ 时，由命题 5 - 1 可以得出以下推论：

推论 5 - 1：若 $q = Q$，当农产品物流服务集成商物流服务能力采购量 Q_1^C

和农产品物流服务功能提供商的物流能力投资储备量 L_1 满足关系式（5.6）和式（5.7）时，农产品物流服务供应链期望收益能够实现最优，最优值如式（5.8）所示：

$$p\bar{F}(Q_I^C) - sG\left(\frac{Q_I^C}{L_I^C}\right) - c_I = 0 \tag{5.6}$$

$$s\int_a^{Q_I^C/L_I^C} yg(y)\,\mathrm{d}y - c_F = 0 \tag{5.7}$$

$$\pi_L^{IOP*} = \pi_L^{IOP}(Q_I^C, L_I^C) = p\int_0^{Q_I^C} xf(x)\,\mathrm{d}x \tag{5.8}$$

由命题 5 - 1 和推论 5 - 1 可以得出以下命题：

命题 5 - 2：农产品物流服务集成商采取柔性订货策略下农产品物流服务供应链期望收益大于固定订货策略下农产品物流服务供应链的期望收益，即存在关系式 $\pi_L^C(q^C, Q^C, L^C) > \pi_L^{IOP}(Q_I^C, L_I^C)$。

证明：

令 $\pi_I(Z) = pE[\min(Z, X)] - (s + c_I)Z$，容易得出 $\pi_I(Z)$ 在 $(0, q^C]$ 是关于 Z 的增函数，在 (q^C, ∞) 为 Z 的减函数。另外，由于 $q^C < Q_I^C < Q^C$，易得出 $q^C/L^C < Q_I^C/L_I^C < Q^C/L^C$，则以下关系式成立：

$$\pi_L^C(q^C, Q^C, L^C) - \pi_L^{IOP}(Q_I^C, L_I^C) > \pi_L^C(q^C, Q^C, L_I^C) - \pi_L^{IOP}(Q_I^C, L_I^C)$$

$$\pi_L^C(q^C, Q^C, L_I^C) - \pi_L^{IOP}(Q_I^C, L_I^C) = \int_a^{q^C/L_I^C} [\pi_I(q^C) - \pi_I(Q_I^C)]g(y)\,\mathrm{d}y$$

$$+ \int_{q^C/L_I^C}^{Q_I^C/L_I^C} [\pi_I(yL_I^C) - \pi_I(Q_I^C) + syL_I^C]g(y)\,\mathrm{d}y$$

$$+ \int_{Q_I^C/L_I^C}^{Q^C/L_I^C} [\pi_I(yL_I^C) - \pi_I(Q_I^C) + s(yL_I^C - Q_I^C)]g(y)\,\mathrm{d}y$$

$$+ \int_{Q^C/L_I^C}^{b} [\pi_I(Q^C) - \pi_I(Q_I^C) + s(Q^C - Q_I^C)]g(y)\,\mathrm{d}y$$

$$> 0$$

因此，$\pi_L^C(q^C, Q^C, L^C) > \pi_L^{IOP}(Q_I^C, L_I^C)$，得证。

由命题 5 - 2 可以看出，农产品物流服务集成商采取灵活的柔性订货策略，优于采取固定订货策略。因此，农产品物流服务集成商可以根据现实需要，灵活调整采购决策。

5.1.3 分散决策模型

当农产品物流服务功能提供商和农产品物流服务集成商进行分散决策时，二者是相互独立的实体，他们在不考虑农产品物流服务供应链整体利润的基础上尽可能使各自的期望收益最大化。以下分别对不存在协调策略时农产品物流服务集成商和农产品物流服务功能提供商分散决策下的最优决策行为进行求解，假定农产品物流服务集成商为领导者，农产品物流服务功能提供商为追随者。

1. 农产品物流服务集成商的最优采购决策

对于任意给定的农产品物流服务功能提供商关于服务能力的投资储备数量 L，农产品物流服务集成商的期望收益满足关系式（5.9）：

$$\pi_I^D(q,Q,L) = pE[\min(D,X)] - (w+c_I)E(D) \tag{5.9}$$

农产品物流服务集成商期望收益主要由物流服务能力销售收入和为顾客提供服务能力的运作成本两部分组成，可以表示为：

$$
\begin{aligned}
\pi_I^D(q,Q,L) =\ & \int_a^{q/L} \{pE[\min(q,X)] - (w+c_I)q\}g(y)\,\mathrm{d}y \\
& + \int_{q/L}^{Q/L} \{pE[\min(yL,X)] - (w+c_I)yL\}g(y)\,\mathrm{d}y \\
& + \int_{Q/L}^b \{pE[\min(Q,X)] - (w+c_I)Q\}g(y)\,\mathrm{d}y
\end{aligned}
$$

$$\tag{5.10}$$

同命题 5-1，可以求得对于农产品物流服务功能提供商任意给定的物流服务能力投资储备量 L，当 (q,Q) 满足等式（5.11）时，农产品物流服务集成商期望收益取得最优。

$$(q^D, Q^D) = \left[\ \bar{F}^{-1}\left(\frac{w+c_I}{p}\right),\ \bar{F}^{-1}\left(\frac{w+c_I}{p}\right)\right] \tag{5.11}$$

式（5.11）表明，对于农产品物流服务功能提供商任意给定的物流服务能力投资储备量 L，在没有任何协调机制的情况下，农产品物流服务集成商采取不变的物流服务能力采购数量 q^D 能够最大限度地提高自身的期望收益。将式（5.11）代入式（5.10），可以求得此时农产品物流服务集成商的最优期望收益如下：

$$\pi_I^{D*}(q^D, Q^D) = p \int_0^{q^D} x f(x)\,\mathrm{d}x \tag{5.12}$$

2. 农产品物流服务功能提供商的最优投资生产决策

当农产品物流服务集成商确定最优采购策略以后，农产品物流服务功能提供商的期望收益函数可以表示如下：

$$\pi_F^D(q^D, Q^D, L) = E\big[wD - s(q^D - \varepsilon L)^+\big] - c_F L$$

$$= wq^D - \int_a^{q^D/L}(q^D - yL)g(y)\,\mathrm{d}y - c_F L \tag{5.13}$$

农产品物流服务功能提供商收益由农产品物流服务集成商采购物流服务能力的收入、从现货市场调度物流服务能力的成本以及投资储备成本三部分组成。

由式（5.13）可以求得分散决策下农产品物流服务功能提供商关于物流服务能力的最优投资储备量 L 满足以下关系式：

$$s \int_a^{q^D/L^D} y g(y)\,\mathrm{d}y - c_F = 0 \tag{5.14}$$

由式（5.14）可知，$q^D/L^D \equiv C$，即分散决策下，农产品物流服务集成商关于物流服务能力最优采购量 q 和农产品物流服务功能提供商关于物流服务能力的最优投资储备量 L 之比为正常数，该常数依赖于农产品物流服务功能提供商关于物流服务能力的随机产出数量 εL、投资储备成本 c_F 和从现货市场调度单位物流服务能力的价格 s。

将式（5.14）代入式（5.13），可得分散决策下农产品物流服务功能提供商的最优期望收益为：

$$\pi_F^{D*}(q^D, Q^D, L^D) = \big[w - sG(C)\big]q^D \tag{5.15}$$

若分布函数 $F(x)$ 存在广义增加失效率，那么可以求得农产品物流服务功能提供商提供给农产品物流服务集成商的单位物流服务能力最优批发价格，即：

$$\frac{\mathrm{d}\pi_F^{D*}}{\mathrm{d}w} = \bar{F}^{-1}\left(\frac{w+c_I}{p}\right) - \frac{w-sG(C)}{pf(q^D)} \tag{5.16}$$

5.2 收益共享契约的惩罚—回馈契约下的农产品物流服务供应链协调

由 5.1.3 节分析可知，在产出和需求同时随机时批发价格契约不能实现农产品物流服务供应链协调，并且根据现有研究，分散决策下农产品物流服务供应链的最优期望收益通常低于集中决策下农产品物流服务供应链的期望收益，即存在双重边缘化现象。为鼓励农产品物流服务集成商采取灵活的订购策略，农产品物流服务功能提供商通常需要提供适当的折扣，以便实现农产品物流服务供应链的协调。由农产品物流服务供应链期望收益函数式（5.2）可知，农产品物流服务供应链期望收益是关于农产品物流服务集成商采购量 q 和 Q、农产品物流服务功能提供商物流服务能力投资储备量 L 的函数，一般的协调契约如回馈契约、收益共享契约往往针对仅含有一个决策变量的收益函数进行协调。因此，本章采取混合协调契约策略，在收益共享契约的基础上，设计基于农产品物流服务集成商订单惩罚—回馈的协调契约，并假定农产品物流服务功能提供商关于物流服务能力的投资储备数量、农产品物流服务集成商关于物流服务能力的采购数量与集中决策下相一致时，即认为惩罚—回馈契约能够实现农产品物流服务供应链的协调。

在收益共享协调契约的基础上，本节设计了惩罚—回馈协调契约，其基本思想如下。假设农产品物流服务集成商目标采购量为 Q_0（$q^c \leqslant Q_0 \leqslant Q^c$），在此情形下，农产品物流服务功能提供商向农产品物流服务集成商实际交付的物流服务能力数量为 εL，分以下两种情形讨论：第一，当农产品物流服务集成商关于物流服务能力的实际采购数量小于 Q_0 时，农产物流服务功能提供商自身物流服务能力实际产出数量 εL 也小于 Q_0，即农产品物流服务功能提供商所提供的物流服务能力盈余，此时农产品物流服务功能提供商将对农产品物流服务集成商未达到的订购量进行惩罚，假设单位物流服务能力惩罚为 δ_1。第二，当农产品物流服务集成商关于物流服务能力的实际采购数量大于 Q_0 时，农产品物流服务功能提供商自身物流服务能力实际产出数量 εL 也大于 Q_0，对于超出 Q_0 的采购数量，农产品物流服务功能提供商将给予农产品物流服务集成商一定的回馈，假设农产品物流服务功能提供商针对农产品物流服务集成商超额完成的订购量部分向农产品物流服务集成商提供的单位物流服务能力回馈为 δ_2。

在此惩罚—回馈协调契约基础上，引入收益共享契约，即：农产品物流服务集成商以较低的批发价格从农产品物流服务功能提供商处采购物流服务能力，待向顾客完成物流服务之后，农产品物流服务集成商将 ϕ（$0 < \phi < 1$）比例的销售收益共享给农产品物流服务功能提供商，此时，农产品物流服务集成商剩余 $1 - \phi$ 比例的销售收益。

在惩罚—回馈协调契约以及收益共享契约联合协调下，农产品物流服务集成商的期望收益函数为：

$$
\begin{aligned}
\pi_I^{OPR}(q,Q,L) = & \int_a^{q/L} \{ p(1-\phi)E[\min(q,X)] - (w+c_I)q \\
& - \delta_1(Q_0-q)^+ \} g(y)\mathrm{d}y \\
& + \int_{q/L}^{Q_0/L} \{ p(1-\phi)E[\min(yL,X)] - (w+c_I)yL \\
& - \delta_1(Q_0-yL)^+ \} g(y)\mathrm{d}y \\
& + \int_{Q_0/L}^{Q/L} \{ p(1-\phi)E[\min(yL,X)] - (w+c_I)yL \\
& + \delta_2(yL-Q_0)^+ \} g(y)\mathrm{d}y \\
& + \int_{Q/L}^b \{ p(1-\phi)E[\min(Q,X)] - (w+c_I)Q \\
& + \delta_2(Q-Q_0)^+ \} g(y)\mathrm{d}y
\end{aligned}
\tag{5.17}
$$

由此可以提出命题 5-3。

命题 5-3：在惩罚—回馈契约与收益共享契约联合协调下，当单位物流服务能力缺失惩罚系数 δ_1 和单位物流服务能力回馈系数 δ_2 满足式（5.18）和式（5.19）时，对于任意给定的农产品物流服务功能提供商物流服务投资储备量 L，对应的柔性订货策略 (q^C, Q^C) 能够使农产品物流服务集成商收益取得最优值：

$$\delta_1 = s(1 - \phi) - c_I\phi - w \tag{5.18}$$

$$\delta_2 = s(1 - \phi) - \delta_1 \tag{5.19}$$

证明：

令 $\pi_2(Z) = p(1 - \phi)E[\min(Z, X)] - (w + \delta_1 + c_I)Z$，可以得出当 $\delta_1 = s(1 - \phi) - c_I\phi - w$ 时，$\pi_2(Z)$ 在 $(0, q^C]$ 是关于 Z 的增函数，在 (q^C, ∞) 为 Z 的减函数。分以下两种情形来证明。

（1）若 $q < Q_0$，则：

$$\frac{\partial \pi_I^{OPR}(q, Q, L)}{\partial q} = \int_a^{q/L} [p(1 - \phi)\bar{F}(q) - (w + c_I + \delta_1)]g(y)\mathrm{d}y$$

因此，当 $\delta_1 = s(1 - \phi) - c_I\phi - w$ 时，可以求得农产品物流服务集成商的最优采购数量 $q^{OPR*} = \bar{F}\left[\dfrac{w + c_I + \delta_1}{p(1 - \phi)}\right] \equiv q^C$，对于任意 Q 和 L，则有 $\pi_I^{OPR}(q^C, Q, L) > \pi_I^{OPR}(q, Q, L)$，即农产品物流服务集成商最优订购量为 q^C，农产品物流服务集成商收益取得最优值。

（2）若 $q \geqslant Q_0$，则：

$$\pi_I^{OPR}(q^C, Q, L) - \pi_I^{OPR}(q, Q, L)$$

$$= K_1(q, Q, L) + \int_{Q_0/L}^{q/L} [\pi_2(yL) - \pi_2(q)]g(y)\mathrm{d}y$$

其中，$K_1(q, Q, L) = \displaystyle\int_a^{q^C/L} [\pi_2(q^C) - \pi_2(q) - \delta_1(q - Q_0)]g(y)\mathrm{d}y + \int_{q^C/L}^{Q_0/L} [\pi_2(yL) - \pi_2(q) - \delta_1(q - Q_0)]g(y)\mathrm{d}y$。

由于 $\displaystyle\int_{Q_0/L}^{q/L} [\pi_2(yL) - \pi_2(q)]g(y)\mathrm{d}y > 0$，那么 $\bar{F}(q) < \bar{F}(q^C)$，$\bar{F}(q^C) = \bar{F}\left[\dfrac{w + c_I + \delta_1}{p(1 - \phi)}\right]$，

则 $\dfrac{\mathrm{d}K_1(q,Q,L)}{\mathrm{d}q} = -\int_a^{Q_0/L} \left[p(1-\phi)\bar{F}(q) - w + c_I + \delta_1 \right] g(y)\mathrm{d}y < 0$,

即 $K_1(q,Q,L)$ 是关于 q 的减函数，可以得出：

$$\pi_I^{OPR}(q^c,Q,L) - \pi_I^{OPR}(q,Q,L) > K_1(Q_0,Q,L)$$

$$K_1(Q_0,Q,L) = \int_a^{q^{C/L}} \left[\pi_2(q^c) - \pi_2(q) \right] g(y)\mathrm{d}y + \int_{q^{C/L}}^{Q_0/L} \left[\pi_2(yL) - \pi_2(q) \right] g(y)\mathrm{d}y$$

$$\int_a^{q^{C/L}} \left[\pi_2(q^C) - \pi_2(q) \right] g(y)\mathrm{d}y + \int_{q^{C/L}}^{Q_0/L} \left[\pi_2(yL) - \pi_2(q) \right] g(y)\mathrm{d}y > 0$$

因此，对于任意 $q \geqslant Q_0$ ，有 $\pi_I^{OPR}(q^c,Q,L) > \pi_I^{OPR}(q,Q,L)$ 。

由此可知，当 $\delta_1 = s(1-\phi) - c_I\phi - w$ 时，对于所有的 $0 < q < Q$ ，均存在 $\pi_I^{OPR}(q^c,Q,L) > \pi_I^{OPR}(q,Q,L)$ 。

同理可证，当 $\delta_2 = s(1-\phi) - \delta_1$ 时，对于所有的 $Q \geqslant q^c$ ，均存在 $\pi_I^{OPR}(q^c,Q^C,L) \geqslant \pi_I^{OPR}(q^c,Q,L)$ 。

由此得出 $\pi_I^{OPR}(q^c,Q^C,L) \geqslant \pi_I^{OPR}(q,Q,L)$ 。得证。

由命题 5-3 可知，在惩罚—回馈契约与收益共享契约联合协调下，农产品物流服务集成商会采取柔性订货策略，当单位物流服务能力缺失惩罚系数 δ_1 和单位物流服务能力回馈系数 δ_2 满足式（5.18）和式（5.19）时，其物流服务能力采购量介于 q^c 和 Q^C 之间，此时对应的农产品物流服务功能提供商的期望收益函数为：

$$\pi_F^{OPR}(q^c,Q^C,L) = \int_a^{q^{C/L}} \{ p\phi E[\min(q^c,X)] + wq^c - s(q^c - yL)$$

$$+ \delta_1(Q_0 - q^c) \} g(y)\mathrm{d}y$$

$$+ \int_{q^{C/L}}^{Q_0/L} \{ p\phi E[\min(yL,X)] + wyL + \delta_1(Q_0 - yL) \} g(y)\mathrm{d}y$$

$$+ \int_{Q_0/L}^{Q^{C/L}} \{ p\phi E[\min(yL,X)] + wyL - \delta_2(yL - Q_0) \} g(y)\mathrm{d}y$$

$$+ \int_{Q^{C/L}}^b \{ p\phi E[\min(Q^C,X)] + wQ^C$$

$$- \delta_2(Q^C - Q_0)^+ \} g(y)\mathrm{d}y - c_F L \tag{5.20}$$

由农产品物流服务功能提供商期望收益函数，得出以下命题。

命题 5-4：当农产品物流服务功能提供商设定的农产品物流服务集成商目标采购量 Q_0 满足关系式（5.21）时，农产品物流服务功能提供商收益函数是其投资储备量 L 的凹函数，并且存在唯一的 $L = L^C$，使得农产品物流服务功能提供商收益取得最大值：

$$s \int_a^{Q_0/L^C} g(y) \mathrm{d}y = c_F \qquad (5.21)$$

证明：

对式（5.20）关于 L 求一阶导数和二阶导数得：

$$\frac{\mathrm{d}\pi_F^{OPR}(q^c, Q^c, L)}{\mathrm{d}L} = \phi \left\{ s \int_a^{q^c/L} yg(y)\mathrm{d}y + \int_{q^c/L}^{Q^C/L} [p\bar{F}(yL) - c_I] g(y)\mathrm{d}y - c_F \right\}$$

$$+ (1 - \phi) \left[s \int_0^{Q_0/L} yg(y)\mathrm{d}y - c_F \right] \qquad (5.22)$$

$$\frac{\mathrm{d}^2\pi_F^{OPR}(q^c, Q^c, L)}{\mathrm{d}L^2} = -p\phi \int_{q^c/L}^{Q^C/L} y^2 f(yL) g(y)\mathrm{d}y - s(1 - \phi)\frac{Q_0^2}{L^3} g\left(\frac{Q_0}{L}\right),$$

$$-p\phi \int_{q^c/L}^{Q^C/L} y^2 f(yL) g(y)\mathrm{d}y - s(1 - \phi)\frac{Q_0^2}{L^3} g\left(\frac{Q_0}{L}\right) < 0$$

$$(5.23)$$

由式（5.22）和式（5.23）可知，农产品物流服务功能提供商期望收益 $\pi_F^{OPR}(q^c, Q^c, L)$ 是关于其物流服务能力最大投资储备量 L 的凹函数，并由此得出当设定的目标采购量 Q_0 满足关系式（5.21）时，存在唯一的 $L = L^C$，使得农产品物流服务功能提供商在此处的期望收益取得最大值。得证。

本节提出的惩罚—回馈契约，结合了收益共享契约，是一种联合协调契约。农产品物流服务功能提供商给予农产品物流服务集成商的惩罚—回馈策略主要是由农产品物流服务功能提供商给予农产品物流服务集成商提供的物流服务能力目标采购量 Q_0、惩罚系数 δ_1 和回馈系数 δ_2 三个参数来确定。其中，农产品物流服务功能提供商给予农产品物流服务集成商的物流服务能力目标采购量 Q_0，不仅起到了平衡农产品物流服务功能提供商确定给予农产品物流服务集成商的惩罚—回馈的作用，同时也保证了在该协调契约下农产品物流服务功能提供商关于物流服务能力投资储备量的生产决策与农产品物流服务供应链集中决策时相同。惩罚系数 δ_1 则是当农产品物流服务功能提供商在物流服务能力交付数量低于目标采购量 Q_0 时，农产品物流服务功能提供商所提供的单位服务能力缺失惩罚；回馈系数 δ_2 则是当农产品物流服务集成商在物流服务能力采购量高于目标采购量 Q_0 时，农产品物流服务功能提供商给予农产品物流服务集成商的单位物流服务能力回馈。通过调整惩罚系数 δ_1 和回馈系数 δ_2，可以保证农产品物流服务功能提供商关于物流服务能力的投资储备数量和农产品物流服务集成商关于物流服务能力的采购数量与集中决策下相一致。

由命题 5 - 4 可知，当农产品物流服务供应链实现协调时，农产品物流服务功能提供商设定的目标采购量 Q_0 是关于其投资储备量 L 的凹函数。因此，由命题 5 - 3 和命题 5 - 4，可以得出以下结论。

结论 5 - 1：当单位物流服务能力缺失惩罚系数 δ_1 和单位物流服务能力回馈系数 δ_2 满足式（5.18）和式（5.19），农产品物流服务功能提供商设定的农产品物流服务集成商目标采购量 Q_0 满足关系式（5.21）时，农产品物流服务集成商采取柔性订货策略，在惩罚—回馈契约与收益共享契约联合作用下，农产品物流服务供应链可以实现协调。

由结论 5 - 1 可知，当在惩罚—回馈契约中引入收益共享协调契约时，分散决策下农产品物流服务供应链可以实现协调，此时，农产品物流服务集成商和农产品物流服务功能提供商的收益函数分别为：

$$\pi_I^{OPR} = (1 - \phi)\pi_L^{C*} + V(Q_0) \tag{5.24}$$

$$\pi_F^{OPR} = \phi\pi_L^{C*} - V(Q_0) \tag{5.25}$$

其中，$V(Q_0) = Q_0\left[s(1 - \phi)G\left(\dfrac{Q_0}{L^C}\right) - \phi c_I - w\right]$。

由此，可以提出以下命题。

命题 5 - 5：在惩罚—回馈契约与收益共享契约联合协调下，当单位物流服务能力缺失惩罚系数 δ_1 和单位物流服务能力回馈系数 δ_2 满足式（5.18）和式（5.19）、农产品物流服务功能提供商设定的农产品物流服务集成商目标采购量 Q_0 满足关系式（5.21）时，农产品物流服务功能提供

商给予农产品物流服务集成商的物流服务能力的单位批发价格满足式
（5.26），且农产品物流服务功能提供商和农产品物流服务集成商可以通过
调整收益共享系数 ϕ 来实现对供应链收益的任意分配：

$$w^{OPR} = s(1-\phi)G\left(\frac{Q_0}{L^C}\right) - \phi c_I \qquad (5.26)$$

证明：

由式（5.26）可知，农产品物流服务功能提供商和农产品物流服务集
成商收益函数可以分别表示如下：

$$\pi_F^{OPR} = \phi \pi_L^{C*}, \pi_I^{OPR} = (1-\phi)\pi_L^{C*}$$

由此可知，当惩罚—回馈契约与收益共享契约共同对农产品物流服务供
应链实现协调时，农产品物流服务功能提供商和农产品物流服务集成商可以
通过调整收益共享系数 ϕ 来实现对农产品物流服务供应链收益的任意分配。

得证。

由式（5.26）可知，在实施惩罚—回馈契约与收益共享契约联合协调
下，协调后的农产品物流服务供应链批发价 w^{OPR} 低于分散决策下的批发价
格 w，甚至有可能为负值，但在协调契约下，农产品物流服务集成商和农
产品物流服务功能提供商通过实施收益共享契约，调整收益共享份额 ϕ，
可以实现各自收益大于分散决策下的收益，即农产品物流服务功能提供商
仍然能够获得高于分散决策时的收益。令：

$$\Delta = \pi_L^{C*} - (\pi_F^{D*} + \pi_I^{D*}) \qquad (5.27)$$

$$\phi = \frac{\pi_F^{D*} + \alpha\Delta}{\pi_L^{C*}}(0 < \alpha < 1) \qquad (5.28)$$

则：

$$\pi_F^{OPR} = \pi_F^{D*} + \alpha\Delta \qquad (5.29)$$

$$\pi_I^{OPR} = \pi_I^{D*} + (1-\alpha)\Delta \qquad (5.30)$$

由式（5.29）和式（5.30）可知，在惩罚—回馈契约与收益共享契约
联合协调下，相比分散决策下，农产品物流服务功能提供商和农产品物流
服务集成商均能获得额外的收益，即在惩罚—回馈契约中引入收益共享契

约，可以实现农产品物流服务供应链的协调，从而实现农产品物流服务功能提供商和农产品物流服务集成商的双赢。

当农产品物流服务供应链实现协调时，由式（5.18）、式（5.19）、式（5.21）和式（5.26）可得：$\delta_1 = s(1-\phi)\left[1-G\left(\dfrac{Q_0}{L^C}\right)\right]$，$s(1-\phi)\left[1-G\left(\dfrac{Q_0}{L^C}\right)\right] < s-w$，$\delta_2 = ws(1-\phi)G\left(\dfrac{Q_0}{L^C}\right)$，$ws(1-\phi)G\left(\dfrac{Q_0}{L^C}\right) > w-s$。因此，对于农产品物流服务功能提供商而言，当物流服务能力随机产出量 εL 大于农产品物流服务集成商最小采购量时，无论其随机产出量 εL 是大于还是小于其所设定的物流服务能力目标采购量 Q_0，农产品物流服务功能提供商均不会从现货市场进行物流服务能力的调度。柔性订货策略可以减少农产品物流服务供应链的不确定性，同时使农产品物流服务集成商在柔性订货策略下承担更多的不确定性，从而激励农产品物流服务集成商在 q^C 和 Q^C 之间进行灵活采购，而农产品物流服务功能提供商也会通过调整单位物流服务能力缺失惩罚系数 δ_1 和单位物流服务能力回馈系数 δ_2 给予农产品物流服务集成商一定的补偿。

（5.3） 算例分析

为进一步研究不确定条件下农产品物流服务供应链的协调，并验证本章提出的柔性订货策略能够比不变订货策略显著提高农产品物流服务供应链的期望收益，以及分析随机需求和随机产出对农产品物流服务供应链收益的影响。采用算例分析对以上求解结果进行验证，参数取值参考了何和赵（He & Zhao，2012）的研究，并与其在固定订货策略下的研究结果进行了比较。

假设不确定条件下，农产品物流服务功能提供商随机产出服从均匀分布，顾客物流服务需求服从正态分布。相关参数取值如下：$p = 15$，$s = 10$，$c_F = 4$，$c_I = 2$，$\mu_1 = 0.65$，$\sigma_1 = 0.15$，$\mu_2 = 1200$，$\sigma_2 = 500$。

产出不确定性对农产品 LSSC 的影响如表 5－1 和图 5－2 所示，需求不确定性对农产品物流服务供应链的影响如表 5-2 和图 5-3 所示。由图 5-2 和图 5-3 可以看出，农产品物流服务功能提供商随机产出和顾客物流服务能力随机需求下农产品物流服务供应链的期望收益，其中农产品物流服务功能提供商和农产品物流服务集成商的收益共享分配系数 $\phi = \dfrac{\pi_F^{D^*} + \dfrac{\Delta}{2}}{\pi_L^{C^*}}$。在随机产出和随机需求下，随着物流服务能力产出和需求不确定性的增加，集中决策下农产品物流服务供应链收益呈现出下降的趋势。与固定订货策略下相比，柔性订货策略下农产品物流服务供应链收益大于固定订货策略的收益，这说明了本章提出的在惩罚—回馈契约与收益共享契约联合协调作用下的柔性订货策略，提高了农产品物流服务供应链的整体收益和效率。此外，在惩罚—回馈契约与收益共享契约联合协调作用下，由图 5-2 和图 5-3 可以发现，农产品物流服务功能提供商和农产品物流服务集成商收益均大于分散决策下的收益，这表明在协调契约下，二者均能从中获取收益，惩罚—回馈契约与收益共享契约的联合作用，实现了柔性订货策略下农产品物流服务供应链的双赢。如当 $\sigma_1 = 0.12$，惩罚—回馈与收益共享契约联合协调下，农产品物流服务功能提供商收益 $\pi_F^{OPR^*} = 3551.8$，农产品物流服务集成商收益 $\pi_I^{OPR^*} = 1575.9$，而此时分散决策下，农产品物流服务功能提供商收益 $\pi_F^{D^*} = 2749.5$，农产品物流服务集成商收益为 $\pi_I^{D^*} = 831.0$，在协调契约下，农产品物流服务功能提供商和农产品物流服务集成商收益分别增加了 29.2% 和 89.6%（见表 5-1）。

表 5-1　　　　　　　　　产出不确定性对农产品 LSSC 的影响

σ_1	分散决策下 LSI 收益	OPR 协调契约 LSI 收益	分散决策下 FLSP 收益	OPR 协调契约 FLSP 收益	固定订货策略下农产品物流服务供应链收益	柔性订货策略下农产品物流服务供应链收益
0.06	894.5	1620.6	2945.6	3681.8	4801.6	5412.3
0.08	873.4	1605.7	2880.3	3638.5	4703.2	5342.4
0.10	852.2	1590.8	2814.9	3595.1	4604.8	5272.4
0.12	831.0	1575.9	2749.5	3551.8	4506.4	5202.5
0.14	809.8	1561.0	2684.1	3508.4	4408.0	5132.5

续表

σ_1	分散决策下 LSI 收益	OPR 协调契约 LSI 收益	分散决策下 FLSP 收益	OPR 协调契约 FLSP 收益	固定订货策略下农产品物流服务供应链收益	柔性订货策略下农产品物流服务供应链收益
0.16	788.6	1546.1	2618.7	3465.0	4309.6	5062.5
0.18	767.4	1531.2	2553.3	3421.7	4211.2	4992.6
0.20	746.2	1516.3	2487.9	3378.3	4112.8	4922.6

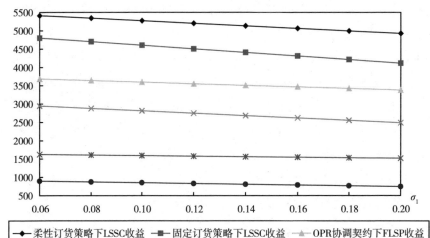

图 5-2　产出不确定性对农产品 LSSC 的影响

表 5-2　　　　　　　　需求不确定性对农产品物流服务供应链的影响

σ_2	分散决策下 LSI 收益	OPR 协调契约 LSI 收益	分散决策下 FLSP 收益	OPR 协调契约 FLSP 收益	固定订货策略下农产品物流服务供应链收益	柔性订货策略下农产品物流服务供应链收益
250	536.1	1223.4	4115.9	4946.2	5823.1	6099.2
300	591.1	1318.4	3835.9	4681.2	5548.1	5931.2
350	646.1	1413.4	3555.9	4416.2	5273.1	5763.2
400	701.1	1508.4	3275.9	4151.2	4998.1	5595.2
450	756.1	1603.4	2995.9	3886.2	4723.1	5427.2
500	811.1	1698.4	2715.9	3621.2	4448.1	5259.2
550	866.1	1793.4	2435.9	3356.2	4173.1	5091.2
600	921.1	1888.4	2155.9	3091.2	3898.1	4923.2

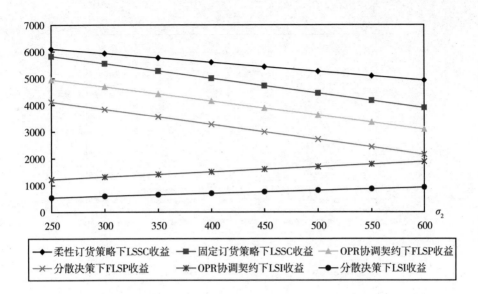

图 5 – 3 需求不确定性对农产品 LSSC 的影响

图 5 – 4、图 5 – 5 和表 5 – 3 给出了柔性订货策略下农产品物流服务供应链收益相比固定订货策略下农产品物流服务供应链收益的增长情况，收益增长率为 $\rho = \left(\dfrac{\pi_L^{C*}}{\pi_T^{*}} - 1 \right) \times 100\%$ 。

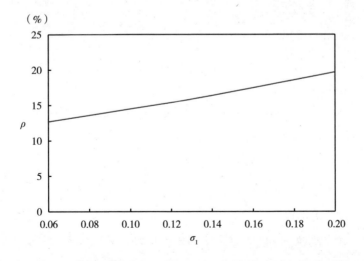

图 5 – 4 柔性订货策略产出不确定性对农产品 LSSC 收益增长的影响

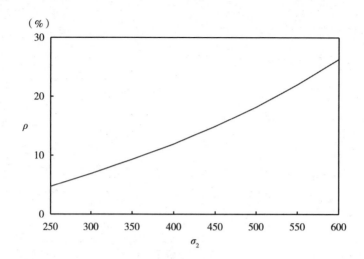

图 5 – 5　柔性订货策略需求不确定性对农产品 LSSC 收益增长的影响

表 5 – 3　　　柔性订货策略下随机产出和需求对农产品 LSSC 收益增长的影响

σ_1	σ_2	随机产出下农产品物流服务 供应链收益增长率	随机需求下农产品物流服务 供应链收益增长率
0.06	250	12.7	4.7
0.08	300	13.6	6.9
0.10	350	14.5	9.3
0.12	400	15.4	11.9
0.14	450	16.4	14.9
0.16	500	17.5	18.2
0.18	550	18.6	22.0
0.20	600	19.7	26.3

　　由图 5 – 4、图 5 – 5 和表 5 – 3 可以看出，农产品物流服务供应链整体收益随着物流服务能力产出和需求不确定性的增加而逐渐减少，其收益增长率则随着产出不确定和需求不确定性的增加而逐渐增加，但农产品物流服务供应链收益增长率随着需求不确定性增加的比率明显大于随产出不确定性增加的比率。以上结果表明，采取柔性订货策略可以降低农产品物流服务供应链的不确定性，提高了农产品物流服务供应链的期望收益。

5.4 **本章小结**

　　本章考虑了由单一农产品物流服务集成商和单一农产品物流服务功能提供商所构建的简单农产品物流服务供应链的相关生产和采购管理问题，考虑了同时存在物流服务能力的产出不确定性和物流服务能力的需求不确定性情形。针对不确定性，提出了一种灵活的柔性订货策略，即农产品物流服务功能提供商和农产品物流服务集成商通过对物流服务能力的采购量来签订契约，确定物流服务能力最大采购数量和最小采购数量，并针对农产品物流服务功能提供商和农产品物流服务集成商进行集中决策和分散决策的情形分别进行了研究，随后针对分散决策情形，提出了基于收益共享契约的惩罚—回馈契约联合协调策略。

　　通过本章研究，得出以下主要结论：第一，在产出和需求均不确定的情形下，农产品物流服务供应链的收益、农产品物流服务功能提供商的收益都会随着产出和需求随机性的增长而慢慢降低，农产品物流服务集成商收益随着产出和需求不确定性的增加呈现出平稳变化趋势，农产品物流服务供应链收益增长率则随着产出不确定和需求不确定性的增加而逐渐增加，但农产品物流服务供应链收益增长率随着需求不确定性增加的比率明显大于随产出不确定性增加的比率。第二，在农产品物流服务供应链产出和需求都随机时，基于农产品物流服务功能提供商惩罚—回馈契约基础上，引入收益共享契约，使得农产品物流服务供应链可以实现协调，并且农产品物流服务功能提供商和农产品物流服务集成商通过调整收益共享系数实现了农产品物流服务供应链整体收益的合理分配，体现了农产品物流服务供应链的柔性。第三，在产出需求均不确定的情形下，通过对柔性订货下基于收益共享契约的惩罚—回馈契约的农产品物流服务供应链与固定订货策略下的农产品物流服务供应链进行了对比分析，结果表明，本章提出的柔性订货策略不仅可以减少农产品物流服务供应链的不确定性，同时还可以通过协调契约显著提高农产品物流服务供应链的整体收益水平。

第6章

结论与展望

6.1 研究结论

　　农产品物流服务供应链是最近这些年研究的热点问题，因为物流服务能力本身呈现出的非具象的、难以保存的特点，所以农产品物流服务供应链不能像具象的实体商品一样通过协调库存的方法来优化供应链，因此，关于农产品物流服务供应链的深入研究一直存在一定的难度，同时也缺乏系统性的研究。而目前对农产品物流服务能力的竞合研究、协调、协同研究等方面都是农业物流领域中比较重要的方向。本书在传统供应链的基础上，结合农业物流服务能力的特点，将供应链协调契约与农产品物流服务功能提供商和农产品物流服务集成商的研究理论适度融合，考虑农产品物流服务供应链中存在的物流服务能力数量协调、供应链成员的收益分配等问题，对物流服务能力产出不确定、需求不确定以及产出和需求均不确定下的农产品物流服务供应链协调问题进行了深入探讨。

　　本书实际上是在综述现有的相关参考文献基础上对供应链协调问题进行扩展性的研究，结合农业物流服务行业的现状，分析更加符合实际情况的农产品物流服务供应链契约协调问题。在实际的日常生活中，既要考虑农产品物流服务功能提供商能够提供的物流服务能力数量（即投资储备量），又要兼顾农产品物流服务集成商在销售物流服务能力的过程中涉及的物流服务能力的零售价格，以及利用各种促销方式销售更多的物流服务能力等。因此，本书分析了顾客对农产品的不同需求与农产品零售价格和农产品物流服务功能提供商为提高物流服务质量所付出的努力水平两个因素具有相关性的情形。在传统供应链契约如收益共享契约、退货政策、回馈与惩罚契约等基础上，构建了多种协调契约，证明了新构建的联合契约能使农产品供应链达到协调，并确定了最优契约参数，同时，利用线性需求模式和弹性需求模式对模型进行了验证，得到了农产品物流服务能力的最优订购量、最优价格、最优努力水平。最后，再通过算例分析进一步为农业物流企业决策者作出决策提供了现实依据。

本书的主要研究工作和相应结论如下。

第一，考虑了不确定产出情形下的农产品物流服务供应链的协调。

本书研究了农产品物流服务能力产出不确定情况下的农产品物流服务供应链协调过程。与传统研究不同的是，针对农产品物流服务能力产出的不确定性，在建模过程中同时引入能力盈余风险共担契约和能力缺失惩罚契约。目前大多数研究主要还是在农产品物流服务能力供给确定性条件下进行的，而本书充分考虑了农产品物流服务功能提供商所提供物流服务能力的不确定性和随机性的现实情形，通过引入农产品物流服务功能提供商的随机投入产出函数，在批发价格契约模型的基础上，对农产品物流服务集成商的物流服务能力采购量大于顾客物流服务能力需求量，以及物流服务能力采购量小于顾客物流服务能力需求量的情形分别进行了具体分析，与以往研究建模过程中仅采用单一契约不同，本书在模型中同时引入能力盈余风险共担契约和能力缺失惩罚契约，分别建立了能力盈余风险共担契约协调模型和能力缺失惩罚契约协调模型，以此对农产品物流服务供应链进行了协调。

结果表明：首先，能力盈余风险共担契约降低了农产品物流服务功能提供商的相应风险，此时功能提供商会尽量降低关于物流服务能力的投资储备量；而能力缺失惩罚契约则增加了功能提供商的风险，为避免惩罚，该机制会刺激农产品物流服务功能提供商提高物流服务能力投资储备数量，从而提高物流服务能力的产出量。其次，能力盈余风险共担契约和能力缺失惩罚契约均可以实现农产品物流服务功能提供商和集成商之间收益的自由分配，且收益的分配系数取决于农产品物流服务集成商和功能提供商的谈判能力，这也体现了农产品物流服务供应链的柔性。

第二，考虑了不确定需求情形下的农产品物流服务供应链的协调。

本书研究了顾客需求不确定情况下的农产品物流服务供应链协调过程。在这里，针对农产品物流服务需求的不确定性，与传统研究不同的是，在需求依赖于价格和服务努力水平的环境下，给定线性需求模型和弹性需求模型，在传统供应链中仅采用单一契约收益共享、价格折扣和努力成本分摊的基础上，引入新的契约方式，提出三种新的组合协调机制，即直接回馈—收益共享协调契约、多层次回馈协调契约和直接回馈—努力水平共享协调契约，并探讨不同契约实现农产品物流服务供应链协调的条件。最后，通过算例对两种需求模型下农产品功能提供商和集成商的收益进行了比较，丰富了相关研究成果。

结果表明：首先，无论是线性需求模式还是弹性需求模式下，直接回馈—收益共享协调契约、多层次回馈协调契约均可以实现农产品物流服务供应链的协调，而直接回馈—努力水平共享协调契约仅能实现线性需求模式下的农产品物流服务供应链的协调，却不能实现弹性需求模式下农产品物流服务供应链的协调。其次，在合理的参数取值范围内，随着相关参数取值的提高，农产品物流服务功能提供商有越来越多的机会来获得超额收益，此时农产品物流服务集成商获得额外收益的机会越来越少。最后，线性需求模式下，农产品物流服务功能提供商更倾向于直接回馈—收益共享协调契约和直接回馈—努力水平共享契约，而农产品物流服务集成商更倾向于多层次回馈协调契约；弹性需求模式下，功能提供商更倾向于多层次回馈协调契约，而集成商更倾向于采取直接回馈—收益共享协调契约。

第三，考虑了产出和需求同时随机情形下的农产品物流服务供应链协调。

本书研究了顾客需求和农产品物流服务功能提供商所提供的物流服务能力都不确定情形下的农产品物流服务供应链协调过程。针对传统研究中仅考虑顾客需求不确定性和供给不确定下的单一情形，本书提出了一种灵活的柔性订货策略，即根据农产品物流服务集成商和功能提供商采购物流服务能力的数量来分别确定最大采购量和最小采购量，并针对分散决策情形，在建模过程中引入多契约混合作用的方式，提出了基于收益共享契约的惩罚—回馈契约联合协调策略，并构建基于收益共享契约的惩罚—回馈联合协调契约模型，并结合多参数求解模型。最后，通过算例对该联合契约模型下农产品功能提供商和集成商的收益进行了比较。该模型不仅更加符合实际情况，也更能够用于指导现实。

结果表明：首先，在产出和需求均不确定的情形下，农产品物流服务供应链收益与农产品物流服务功能提供商的收益是随着物流服务能力产出和需求的不确定性增加而下降，农产品物流服务集成商的收益随着产出和需求不确定性的增加呈现出平稳变化趋势。而农产品物流服务供应链收益增长率则随着产出和需求不确定性的增加而逐渐增加。其次，基于收益共享契约的惩罚—回馈联合协调契约可以实现农产品物流服务供应链的协调，且农产品物流服务功能提供商和集成商通过调整收益共享系数可以实现供应链收益的合理分配，这体现了农产品物流服务供应链的柔性。最后，发现所提出的柔性订货策略不仅可以减少农产品物流服务供应链的不确定性，同时还可以通过协调契约显著提高农产品物流服务供应链的整体收益水平。

6.2 研究展望

本书在农业物流服务能力产出和需求不确定情形下的农产品物流服务

供应链中引入了多种供应链协调契约，构建了产出不确定、需求不确定以及产出和需求都不确定情形下的农产品物流服务供应链契约模型，并重点研究了农产品物流服务集成商的采购决策、农产品物流服务功能提供商的投资储备决策，以及整个农产品物流服务供应链的协调优化问题，虽然取得了一些创新性的成果和研究结论，但由于个人研究能力和行业发展现状等各方面的限制，本书还存在一些值得深入探讨的发展方向。

第一，本书研究过程主要是以理论为主，采用建模的方式求解不同决策模式下的农产品物流服务供应链决策模型。

由于研究条件和时间等限制，难以采集到现实环境中农产品物流服务供应链的大量真实数据，本书所有数据分析均是采用算例分析的方式进行，通过算例分析对相关模型进行验证，缺乏具体的案例研究。接下来，可以考虑从实际出发，寻求与农业物流企业互相合作，并结合农业物流企业现实运营过程，加强实际案例的搜集和整理，并通过实际案例分析对所提出的模型进行更进一步的优化和改进。

第二，考虑更为多元的农产品物流服务供应链环境。

本书研究过程中，仅仅考虑以单一农产品物流服务集成商和单一农产品物流服务功能提供商所构建的农产品物流服务供应链作为研究对象。而在社会现实运营过程中，通常会是多数的农产品物流服务功能提供商对应单一的农产品物流服务集成商、单一的功能提供商对应多数的集成商、多数的功能提供商对应多数的集成商等复杂农产品物流服务供应链的情形。因此，将本书的研究由一对一逐渐拓展到现实中多对一、一对多、多对多的多元环境中，在今后的研究中进一步探索，具有重要的现实意义。

近年来，随着国家对农产品宏观调控手段的灵活性与农产品电商行业的飞速发展，涌现了一大批农业物流行业的精英翘楚。例如，菜鸟网络正在打造一个开放的社会化农产品物流服务能力集成大平台；在阿里巴巴提出的淘宝大物流计划中也有类似的趋势；而京东物流更是早就已经开始做大宗农产品的物流业务了。结合本书的研究内容，可认为菜鸟、淘宝、京东扮演着农产品物流服务集成商的功能，而各省的农业发展集团、农产品流通企业等专属农业物流公司扮演着农产品物流服务功能提供商的功能。因此,在农产品物流服务集成商和功能提供商组成的农产品物流服务供应链系统中,本书所设计的协调契约为供应链相关主体开展农产品物流服务能力促销、供应链成员收益共享、集成商物流服务能力零售等相关问题提供了模型参考,也使得研究更有现实意义。

而在未来,随着人工智能、大数据、移动 5G 网络等信息行业的快速发展,专业的农产品物流服务集成商有可能像网络购物平台(如亚马逊、淘宝、京东等)一样,建立农产品物流服务需求在线平台,并邀请不同的农产品物流服务功能提供商入驻。在运营过程中,为刺激顾客的农产品物流服务需求,农产品物流服务集成商和功能提供商也会考虑不同的促销策略,如集成商发起促销,功能提供商加入;功能提供商发起促销,集成商加入等。那时,本书所提到的收益共享契约、惩罚—回馈契约、能力盈余风险共担契约、能力缺失惩罚契约等多种契约模式均可作为功能提供商和集成商实现收益最大化提供理论依据,对社会和企业的发展也起到一定的指导作用。

参 考 文 献

［1］蔡建湖，俞凌云，韩毅．基于收益分享契约的创新性产品供应链研发投入决策模型［J］．科技管理研究，2016，36（12）：220-225．

［2］蔡云飞，邹飞．物流服务供应链及其构建［J］．企业改革与管理，2006（8）：17-18．

［3］陈建新，周永务，钟远光．基于 CVaR 准则的资金约束供应链回购契约协调策略［J］．系统管理学报，2019，28（3）：552-559．

［4］冯颖，王远芳，张炎治，等．随机产出下商务模式对生鲜农产品供应链运作的影响［J］．系统工程理论与实践，2020，40（10）：2631-2647．

［5］冯颖，吴茜，余云龙．考虑实体损耗和价值损耗的生鲜农产品供应链协调机制研究［J］．物流技术，2014，33（11）：282-286．

［6］高卉杰．需求不确定下物流服务供应链整合运作研究［D］．北京：北京科技大学，2017．

［7］高志军，刘伟，朱卫平，等．客户企业奖惩下的 LSSC 安全和质量激励［J］．上海海事大学学报，2012，33（3）：46-51．

［8］高志军，朱卫平，陈圣迪．物流服务供应链整合研究［J］．中国流通经济，2017，31（10）：46-54．

［9］桂云苗，龚本刚，程幼明．需求不确定下物流服务供应链协调［J］．计算机集成制造系统，2009，15（12）：2412-2416．

［10］韩小花，周维浪，沈莹，等．"以旧换再"闭环供应链策略选择及其定价协调研究［J］．管理评论，2018，30（1）：177-194．

［11］胡晓青，蔡建湖，孙海宁．需求信息不对称环境下供应链契约

设计研究进展 [J]. 管理学报, 2022, 19 (5): 778 – 788.

[12] 黄福华, 龚瑞风. 区域生鲜农产品物流能力评价及其进路 [J]. 江汉论坛, 2018 (1): 51 – 56.

[13] 黄青霞. 农业产业集群与区域物流协同发展 [D]. 江苏: 扬州大学, 2021.

[14] 姜丽宁, 崔文田, 林军. 不同风险态度下目标回扣契约对供应链的协调 [J]. 统计与决策, 2013 (14): 46 – 49.

[15] 经有国, 徐洋, 杨璐. 基于收益共享的物流服务供应链协调契约 [J]. 统计与决策, 2015 (5): 48 – 51.

[16] 李晓静, 艾兴政, 马建华, 等. 基于交叉销售供应链的两部定价契约决策 [J]. 系统管理学报, 2019, 28 (1): 192 – 200.

[17] 李毅斌, 董千里, 孙浩杰. 基于流程管理的物流服务供应链运作协同研究 [J]. 物流技术, 2012, 31 (9): 174 – 177.

[18] 凌六一, 胡中菊, 郭晓龙. 随机产出和随机需求下 "农超对接" 模式的分析与协调 [J]. 系统工程, 2011 (9): 36 – 40.

[19] 刘家国, 王军进, 周锦霞, 等. 不确定性环境下不同补货策略的供应链契约协调研究 [J]. 中国管理科学, 2019, 27 (9): 68 – 79.

[20] 刘伟华, 葛美莹, 谢冬, 等. 基于 ANP-Fuzzy 方法的物流服务供应链流程对接绩效评价 [J]. 武汉理工大学学报 (交通科学与工程版), 2012, 36 (6): 1113 – 1117.

[21] 刘伟华. 物流服务供应链能力合作的协调研究 [D]. 上海: 上海交通大学, 2007.

[22] 刘艳秋, 蔡超. 考虑可靠性的物流服务供应链的契约设计 [J]. 控制与决策, 2017, 32 (11): 2039 – 2044.

[23] 吕金璐. 河南省生鲜农产品物流发展策略研究 [J]. 物流工程与管理, 2017, 39 (6): 110 – 111, 117.

[24] 马雪丽, 王淑云, 金辉, 等. 考虑保鲜努力与数量/质量弹性的农产品三级供应链协调优化 [J]. 中国管理科学, 2018, 26 (2).

［25］彭红军，周梅华，刘满芝．两级生产与需求不确定下供应链风险共担模型研究［J］．管理工程学报，2013，27（3）：156－163.

［26］宋换换．安徽省生鲜农产品物流能力评价［D］．安徽：安徽理工大学，2020.

［27］孙国华，许垒．随机供求下二级农产品供应链期权合同协调研究［J］．管理工程学报，2014，28（2）：201－210.

［28］孙怡川，杨志林，黄飞，等．风险波动下带有努力水平的回馈与惩罚契约模型［J］．系统管理学报，2017，26（6）：1176－1182.

［29］田宇．基于斯塔克尔伯格主从对策 Nash 均衡下的 TPL 分包合同设计研究［J］．管理工程学报，2005，19（4）：100－103.

［30］田宇．物流服务供应链构建中的供应商选择研究［J］．系统工程理论与实践，2003（5）：49－53.

［31］王东红．随机产出和需求下的定价与库存控制研究综述［J］．物流技术，2014，33（1）：20－24.

［32］王伟．以生产商为主导的鲜活农产品供应链协调模型［J］．沈阳农业大学学报（社会科学版），2018，20（4）：400－406.

［33］王永明，余小华，尹红丽．基于风险规避和公平偏好的供应链收益共享契约协调研究［J］．中国管理科学，2021，29（7）：148－159.

［34］温江荣．电子商务企业物流外包边界问题研究［J］．物流工程与管理，2014，36（1）：46－47＋58.

［35］闫秀霞，孙林岩，王侃昌．物流服务供应链模式特性及其绩效评价研究［J］．中国机械工程，2005（11）：969－974.

［36］颜耀懿．农产品供应链中物流与电商协同发展研究［J］．全国流通经济，2020（11）：31－32..

［37］杨永光．区域特色农产品物流标准化建设策略研究［J］．全国流通经济，2020（20）：25－27.

［38］张成堂，王凯，周永务．随机需求下第三方物流的 Nash 均衡与协调策略［J］．中国科学技术大学学报，2013，43（3）：223－228.

［39］张翠华, 邢鹏, 朱建良. 基于公平偏好的物流服务供应链质量监督与协作研究［J］. 管理工程学报, 2017, 31（4）: 164－170.

［40］张建军, 赵启兰. 基于"互联网＋"的产品供应链与物流服务供应链联动发展的演化机理研究——从"去中间化"到"去中心化"［J］. 商业经济与管理, 2017（5）: 5－15.

［41］张建军, 赵启兰. 两级物流服务商参与的供应链最优决策与利益分配研究——基于多种合作模式视角［J］. 商业经济与管理, 2019（6）: 15－29.

［42］张建军, 赵启兰. 两级物流服务商参与的供应链最优决策与利益分配研究——基于多种合作模式视角［J］. 商业经济与管理, 2019（6）: 15－29.

［43］张圣忠, 田爱玄, 李继东. 不确定需求下零售商最优定价订购联合决策［J］. 武汉理工大学学报（信息与管理工程版）, 2020, 42（2）: 128－134.

［44］张文杰, 骆建文. 随机产出随机需求下的供应链期权契约模型［J］. 管理工程学报, 2016, 30（3）: 121－128.

［45］张文谱, 赵凯立, 赵志洋. 探究疫情冲击下农产品的线上销售模式［J］. 农村经济与科技, 2021, 32（2）: 59－60.

［46］张旭, 张庆. 保鲜控制损耗下考虑公平关切的生鲜品供应链协调［J］. 系统科学学报, 2017, 25（3）: 112－116.

［47］章海潮. 江苏省区域农产品物流能力评价研究［D］. 长春: 吉林大学, 2018.

［48］赵泉午, 张钦红, 卜祥智. 不对称信息下基于物流服务质量的供应链协调运作研究［J］. 管理工程学报, 2008（1）: 58－61.

［49］赵霞, 吴方卫, 蔡荣. 随机产出与需求下二级供应链协调合同研究［J］. 管理科学学报, 2014, 17（8）: 34－47.

［50］赵霞, 吴方卫. 随机产出与需求下农产品供应链协调的收益共享合同研究［J］. 中国管理科学, 2009, 17（5）: 88－95.

［51］ Bo Y, Yan W. Evolution Model and Simulation of Profit Model of Agricultural Products Logistics Financing ［J］. IOP Conference Series: Materials Science and Engineering, 2018, 322 (5).

［52］ Brekalo L, Albers S, Delfmann W. Logistics Alliance Management Capabilities: Where are They? ［J］. International Journal of Physical Distribution & Logistics Management, 2013, 43 (7): 529 –543.

［53］ Cachon G P, Kök A G. Supply Chain Coordination with Contracts ［J］. Handbooks in Operations Research & Management Science, 2003, 11 (11): 227 –339.

［54］ Cachon G, Rard P, K A G, et al. Competing Manufacturers in a Retail Supply Chain: On Contractual Form and Coordination ［J］. Management Science, 2010, 56 (3): 571 –589.

［55］ Chakraborty T, Chauhan S S, Vidyarthi N. Coordination and Competition in A Common Retailer Channel: Wholesale Price Versus Revenue-sharing Mechanisms ［J］. International Journal of Production Economics, 2015, 166: 103 –118.

［56］ Chan H K, Chan F T S. A Review of Coordination Studies in the Context of Supply Chain Dynamics ［J］. International Journal of Production Research, 2010, 48 (10): 2793 –2819.

［57］ Chen K, Yang L. Random Yield and Coordination Mechanisms of A Supply Chain with Emergency Backup Sourcing ［J］. International Journal of Production Research, 2014, 52 (16): 4747 –4767.

［58］ Cheong T, Sang H S. The Value of Information on Supply Risk under Random Yields ［J］. Transportation Research Part E Logistics & Transportation Review, 2013, 60 (60): 27 –38.

［59］ Choy K L. Managing Uncertainty in Logistics Service Supply Chain ［J］. International Journal of Risk Assessment & Management, 2007, 7 (1): 19 –43.

[60] Chung Y T, Erhun F. Designing Supply Contracts for Perishable Goods with Two Periods of Shelf Life [J]. Iie Transactions, 2013, 45 (1): 53 – 67.

[61] Clemens J, Inderfurth K. Supply Chain Coordination by Contracts under Binomial Production yield [J]. Business Research, 2014, 8 (2): 1 – 32.

[62] Cruijssen F, Cools M, Dullaert W. Horizontal cooperation in logistics: Opportunities and impediments [J]. Transportation Research Part E Logistics & Transportation Review, 2007, 43 (2): 129 – 142.

[63] Cruijssen F, Dullaert W, Fleuren H. Horizontal Cooperation in Transport and Logistics: A Literature Review [J]. Transportation Journal, 2007, 46 (3): 22 – 39.

[64] Demirag O C, Swann J L. Capacity Allocation to Sales Agents in A Decentralized Logistics Network [J]. Naval Research Logistics (NRL), 2007, 54 (7): 796 – 810.

[65] Deshmukh Suparna, Farooqui Mazahar. Complexation and Coordination Studies of Micelle Forming Surfactant Sodium Lauryl Sulphate with Eriochrome Azurol B. [J]. International Journal of ChemTech Research, 2018, 11 (8).

[66] Fang Y, Shou B. Managing Supply Uncertainty under Supply Chain Cournot Competition [J]. European Journal of Operational Research, 2015, 243 (1): 156 – 176.

[67] Giri B C. Managing Inventory with Two Suppliers under Yield Uncertainty and Risk Aversion [J]. International Journal of Production Economics, 2011, 133 (1): 80 – 85.

[68] Govindan K, Popiuc M N, Diabat A. Overview of Coordination Contracts within Forward and Reverse Supply Chains [J]. Journal of Cleaner Production, 2013, 47 (47): 319 – 334.

[69] Gupta V, Ivanov D, Choi T M. Competitive Pricing of Substitute

Products under Supply Disruption [J]. Omega, 2020.

[70] Gurnani H, Gerchak Y. Coordination in Decentralized Assembly Systems with Uncertain Component Yields [J]. European Journal of Operational Research, 2007, 176 (3): 1559 – 1576.

[71] Güler M G, Keskin M E. On Coordination under Random Yield and Random Demand [J]. Expert Systems with Applications, 2013, 40 (9): 3688 – 3695.

[72] Güler M G. Coordinating Decentralised Assembly Systems with Random Yield and Random Demand [J]. International Journal of Production Research, 2015, 53 (3): 886 – 896.

[73] He M, Wu X, Mou N. Capability Coordination in Logistics Service Supply Chain Based on Reliability [J]. Procedia Engineering, 2016, 137: 325 – 333.

[74] He Y, Zhao X. Coordination in Multi-echelon Supply Chain under Supply and Demand Uncertainty [J]. International Journal of Production Economics, 2012, 139 (1): 106 – 115.

[75] Heydari J, Ghasemi M. Revenue Sharing Contract for Reverse Supply Chain Coordination under Stochastic Quality of Returned Products and Uncertain Remanufacturing Capacity [J]. Journal of Cleaner Production, 2018, 197: 607 – 615.

[76] Hingley M, Price L, Swainson M, et al. Opportunities for Greater Lincolnshire's Supply Chains: Full Report [J]. Lincolnshire County Council, 2012.

[77] Hou K, Lin L. Supplier Diversification and Ordering Policy under Yield Randomness in Inventory Models [J]. Journal of Information and Optimization Sciences, 2018, 39 (2): 377 – 389.

[78] Hu B, Meng C, Xu D, et al. Supply Chain Coordination under Vendor Managed Inventory-consignment Stocking Contracts with Wholesale Price

Constraint and Fairness [J]. International Journal of Production Economics, 2018, 202: 21 –31.

[79] Hu F, Lim C C, Lu Z. Coordination of Supply Chains with A Flexible Ordering Policy under Yield and Demand Uncertainty [J]. International Journal of Production Economics, 2013, 146 (2): 686 –693.

[80] Inderfurth K, Clemens J. Supply Chain Coordination by Risk Sharing Contracts under Random Production Yield and Deterministic Demand [J]. Or Spectrum, 2014, 36 (2): 525 –556.

[81] Jepsen L B. Critical Success Factors for Horizontal Logistics Collaboration [M]. Hamburg University of Technology, Institute of Business Logistics and General Management, 2014.

[82] Jiang L, Wang Y, Yan X, et al. Coordinating A Three-stage Supply Chain with Competing Manufacturers [J]. Central European Journal of Operations Research, 2014, 22 (1): 53 –72.

[83] Junqueira R, Morabito R. Production and Logistics Planning in Seed Corn [J]. Springer New York, 2015.

[84] Karl I, Josephine C. Supply Chain Coordination by Risk Sharing Contracts under Random Production Yield and Deterministic Demand [J]. OR Spectrum, 2014, 36 (2).

[85] Kazaz B, Webster S. Technical Note—Price-Setting Newsvendor Problems with Uncertain Supply and Risk Aversion. [J]. Operations Research, 2015, 63 (4).

[86] Khanra A, Soman C, Bandyopadhyay T. Sensitivity Analysis of The Newsvendor Model [J]. European Journal of Operational Research, 2014, 239 (2): 403 –412.

[87] L X. Double Marginalization and Coordination in the Supply Chain with Uncertain Supply [J]. European Journal of Operational Research, 2013, 226 (2): 228 –236.

［88］ Lambert D M, Enz M G. Issues in Supply Chain Management：Progress and potential ［J］. Industrial Marketing Management, 2017, 62.

［89］ Lee C, Yang R. Supply Chain Contracting with Competing Suppliers under Asymmetric Information ［J］. Iie Transactions, 2013, 45 (1)：25 –52.

［90］ Li G, Gao T, Ma S. Lot Sizing and Dynamic Pricing with Random Yield and Different Qualities ［J］. International Journal of Advanced Pervasive and Ubiquitous Computing, 2012, 4 (3)：91 –101.

［91］ Li G, Liu M, Wang Z, Peng B. Supply Coordination Based on Bonus Policy in Assembly under Uncertain Delivery Time ［J］. Chinese Journal of Mechanical Engineering, 2013, 26 (2)：293 –303.

［92］ Li X, Li Y, Cai X. A Note on the Random Yield from the Perspective of the Supply Chain ［J］. Omega, 2012, 40 (5)：601 –610.

［93］ Li Y, Wei C, Cai X. Optimal Pricing and Order Policies with B2B Product Returns for Fashion Products ［J］. International Journal of Production Economics, 2012, 135 (2)：637 –646.

［94］ Liu R, Dan B, Zhou M, et al. Coordinating Contracts for A Windpower Equipment Supply Chain with Joint Efforts on Quality Improvement and Maintenance Services ［J］. Journal of Cleaner Production, 2020：243.

［95］ Luo J, Chen X. Coordination of a Random Yield Supply Chain with a Loss-Averse Supplier ［J］. Mathematical Problems in Engineering, 2015 (3).

［96］ Luo J, Chen X. Coordination of Random Yield Supply Chains with Improved Revenue Sharing Contracts ［J］. European J of Industrial Engineering, 2016, 10 (1)：81.

［97］ Lv F, Ma S, Xu G. The Implication of Capacity Reservation Contracts in Assembly System with Asymmetric Demand Information ［J］. International Journal of Production Research, 2015, 53 (18).

［98］ McKinley Joseph, Zhang Mengsen, Wead Alice, Williams Christine, Tognoli Emmanuelle, Beetle Christopher. Third Party Stabilization of Unstable Coordination in Systems of Coupled Oscillators [J]. Journal of Physics: Conference Series, 2021, 2090 (1).

[99] Moon I, Jeong Y J, Saha S. Investment and Coordination Decisions in A Supply Chain of Fresh Agricultural Products [J]. Operational Research, 2018.

[100] Nerja Adrián. Exclusivity in Concession Revenue Sharing Contracts [J]. Journal of Air Transport Management, 2022: 99.

[101] Pasternack B A. Optimal Pricing and Return Policies for Perishable Commodities [J]. Marketing Science, 1985, 4 (2): 166 - 176.

[102] Sachan A, Sahay B S, Sharma D. Developing Indian Grain Supply Chain Cost Model: A System Dynamics Approach [J]. International Journal of Productivity & Performance Management, 2005, 54 (3/4): 187 - 205.

[103] Shi K, Xiao T. Coordination of A Supply Chain with A Loss-averse Retailer under Two Types of Contracts. [J]. International Journal of Information & Decision Sciences, 2008, 1 (1): 5 - 25.

[104] Sting F J, Loch C H. Implementing Operations Strategy: How Vertical and Horizontal Coordination Interact [J]. Production and Operations Management, 2016, 25 (7): 1177 - 1193.

[105] Sun M, Pang D. Vehicle Routing Optimisation Algorithm for Agricultural Products Logistics Distribution [J]. International Journal of Applied Decision Sciences, 2017, 10 (4): 327 - 334.

[106] Tang S Y, Kouvelis P. Pay-Back-Revenue-Sharing Contract in Coordinating Supply Chains with Random Yield [J]. Production & Operations Management, 2015, 23 (12): 2089 - 2102.

[107] Taylor T A. Supply Chain Coordination Under Channel Rebates with Sales Effort Effects [J]. Management Science, 2002, 48 (8): 992 - 1007.

[108] Tsai W, Wang C. Extended Economic Maintenance Scheduling for A Batch Production System [J]. Journal of Information and Optimization Sci-

ences, 2017, 38 (2): 219 –231.

［109］ Tsao Y, Vu T. Power Supply Chain Network Design Problem for Smart Grid Considering Differential Pricing and Buy-back Policies ［J］. Energy Economics, 2019, 81: 493 –502.

［110］ Wang F, Song W, Zhang X M, et al. Applications of GPS in Grain Logistics Management Information System ［J］. Springer Berlin Heidelberg, 2012.

［111］ Wu D. Coordination of Competing Supply Chains with News-vendor and Buyback Contract ［J］. International Journal of Production Economics, 2013, 144 (1): 1 –13.

［112］ Xu G, Dan B, Zhang X, et al. Coordinating A Dual-channel Supply Chain with Risk-averse under A Two-way Revenue Sharing Contract ［J］. International Journal of Production Economics, 2014, 147 (1): 171 –179.

［113］ Xu L, Li Y, Govindan K, Yue X. Return Policy and Supply Chain Coordination with Network-externality Effect ［J］. International Journal of Production Research, 2018, 56 (10): 3714 –3732.

［114］ Xu X, Zan H. On Coordination of Supply Chain Based on Information Asymmetry of Effort Level and Fuzzy Market Environment ［J］. Fuzzy Information and Engineering, 2009, 1 (1): 67 –77.

［115］ Yan J, Li X, Shi Y, et al. The Effect of Intention Analysis-based Fraud Detection Systems in Repeated Supply Chain Quality Inspection: A Context of Learning and Contract ［J］. Information & Management, 2020, 57 (3).

［116］ Yan X, Liu K. An Analysis of Pricing Power Allocation in Supply Chains of Random Yield and Random Demand ［J］. International Journal of Information & Management Sciences, 2009 (20): 415 –433.

［117］ Yanai H. A Min-max Solution of An Inventory Problem ［J］. Studies in the Mathematical Theory of Inventory & Production, 1958, 25 (2): 352.

［118］ Yano C A, Lee H L. Lot Sizing with Random Yields: A Review

［J］. Operations Research, 1995, 43 (2): 311 – 334.

［119］ Yu Y, Xiao T. Pricing and Cold-chain Service Level Decisions in A Fresh Agri-products Supply Chain with Logistics Outsourcing ［J］. Computers & Industrial Engineering, 2017, 111: 56 – 66.

［120］ Zhang Q, Zhu B. Design of the Information Management System of the Public Logistics in the Port of the Collection and Transportation Environment ［J］. Journal of Coastal Research, 2019: 93.

［121］ Zhong S. Empirical Analysis on Function Mechanism of Factors Affecting the Efficiency of China's Agricultural Products Logistics ［J］. Journal of Europeen des Systems Automatises, 2019, 52 (2): 129 – 135.

［122］ Zijm H, Timmer J. Coordination Mechanisms for Inventory Control in Three-echelon Serial and Distribution Systems ［J］. Annals of Operations Research, 2008, 158 (1): 161 – 182.

［123］ Zissis D, Ioannou G, Burnetas A. Supply Chain Coordination under Discrete Information Asymmetries and Quantity Discounts ［J］. Omega, 2015, 53: 21 – 29.

图书在版编目（CIP）数据

不确定环境下农产品物流服务供应链协调研究／郭
龙著. --北京：经济科学出版社，2022.12
（中国农业科学院农业经济与发展研究所研究论丛.
第6辑）
ISBN 978 - 7 - 5218 - 4385 - 9

Ⅰ.①不…　Ⅱ.①郭…　Ⅲ.①农产品 - 物流管理 - 供
应链管理 - 研究 - 中国　Ⅳ.①F724.72

中国版本图书馆 CIP 数据核字（2022）第 227786 号

责任编辑：初少磊　王珞琪
责任校对：王肖楠
责任印制：范　艳

不确定环境下农产品物流服务供应链协调研究

郭　龙／著

经济科学出版社出版、发行　新华书店经销
社址：北京市海淀区阜成路甲 28 号　邮编：100142
总编部电话：010 - 88191217　发行部电话：010 - 88191522
网址：www. esp. com. cn
电子邮箱：esp@ esp. com. cn
天猫网店：经济科学出版社旗舰店
网址：http：//jjkxcbs. tmall. com
北京季蜂印刷有限公司印装
710×1000　16 开　9.75 印张　140000 字
2023 年 2 月第 1 版　2023 年 2 月第 1 次印刷
ISBN 978 - 7 - 5218 - 4385 - 9　定价：45.00 元
（图书出现印装问题，本社负责调换。电话：010 - 88191545）
（版权所有　侵权必究　打击盗版　举报热线：010 - 88191661
QQ：2242791300　营销中心电话：010 - 88191537
电子邮箱：dbts@ esp. com. cn）